高校教育教学创新探索

汤 慧 著

延边大学出版社

图书在版编目（CIP）数据

高校教育教学创新探索 / 汤慧著. -- 延吉 : 延边大学出版社, 2022.12
　　ISBN 978-7-230-04443-1

Ⅰ. ①高… Ⅱ. ①汤… Ⅲ. ①高等教育－教学研究－中国 Ⅳ. ①G649.21

中国国家版本馆 CIP 数据核字(2023)第 000740 号

高校教育教学创新探索

著　　者：汤　慧
责任编辑：胡巍洋
封面设计：品集图文
出版发行：延边大学出版社
社　　址：吉林省延吉市公园路 977 号　　　邮　编：133002
网　　址：http://www.ydcbs.com
E-m a i l：ydcbs@ydcbs.com
电　　话：0433-2732435　　　　　　　　　传　真：0433-2732434
发行电话：0433-2733056
印　　刷：北京宝莲鸿图科技有限公司
开　　本：787 mm×1092 mm　1/16
印　　张：8.75　　　　　　　　　　　　　字　数：200 千字
版　　次：2022 年 12 月　第 1 版
印　　次：2023 年 1 月　第 1 次印刷
ISBN 978-7-230-04443-1

定　　价：68.00 元

前　言

　　高校教育教学的改革与创新对当前深化教学改革、提高教学质量、培养创新型人才以及加快创新型国家建设具有十分重要的现实意义。教学改革是高等教育改革的深水区，也是高等教育实现创新与发展的应有之义。目前人才培养的重要性不断彰显，高等教育的人才培养已经得到了全社会的高度重视，高等院校必须不断适应新时代人才需求，以宽广的国际视野和深邃的战略眼光审视高等教育的现状，推动高校教育教学在服务改革开放和中国特色社会主义事业中发挥更大效能，在促进人的全面发展和社会不断进步中发挥更大作用。

　　教育教学创新重在实践，实践的核心在于教师，实践的主体在于学生。本书对高校教育教学的创新和实践进行阐述，通过对教学理念、教学策略、教学管理体制、互联网背景下的高校课堂教学模式等分析，研究高校教育教学创新与实践的过程，探讨高校教育教学人才培养与教师发展的思路，探索高校教育教学的发展路径，以期推动高校教育教学的创新与实践的发展。

　　本书在撰写过程中，由于自身水平有限，书中错漏之处在所难免，恳请广大读者批评指正。

目 录

第一章 高校教育教学创新的必要性 ... 1
第一节 传统教学方式的弊端 ... 1
第二节 时代和社会发展的必然要求 ... 8

第二章 高校教育教学理念的创新 ... 14
第一节 高校教育教学理念创新的缘由 ... 14
第二节 高校教育教学理念创新的思路 ... 18
第三节 高校教育教学理念创新的举措 ... 32

第三章 高校教育教学策略的创新 ... 40
第一节 高校教育教学课程创新 ... 40
第二节 高校教育教学评价创新 ... 51

第四章 高校教育教学管理的创新 ... 64
第一节 坚持创新理念 ... 64
第二节 把握职能定位 ... 68
第三节 健全机构设置 ... 73
第四节 保障运行机制 ... 75

第五章 高校教育教学实践的创新 ... 83
第一节 高校教育教学实践创新之VR课堂 ... 83
第二节 高校教育教学创新之慕课 ... 90
第三节 高校教育教学创新之微课 ... 113

参考文献 ... 131

第一章　高校教育教学创新的必要性

第一节　传统教学方式的弊端

所谓传统教学方式，是指以班级授课制为组织形式，教师主要通过讲授法，在有限的时间里将大量知识传授给学生的教学方法。班级授课制是指将年龄大致相同的一批学生编成一个固定的班级，由教师按照固定的课程表和统一的进度，并主要以课堂讲授的方式分科对学生进行教育的一种教育组织形式。

班级授课制的产生具有其特殊的历史背景。16世纪末期以后的西欧，机器逐步代替了手工，大规模的工业生产对教育的需求不断增大。然而当时主要的教学形式是个别教学，费时费力，效率低，而且不利于培养集体协作精神和组织纪律性。班级授课制的出现在很大程度上缓解了这种矛盾。与班级授课制紧密结合的教学方法是讲授法。讲授法是教师通过口头语言向学生描绘情境、叙述事实、解释概念、论证原理和阐明规律的教学方法。它是教师使用最早的、应用最广的教学方法，可用于传授新知识，也可用于巩固旧知识，其他教学方法的运用几乎都需要同讲授法结合进行。作为目前学校教育最基本和最主要的教学方法，讲授法与班级授课制具有天然的契合度，二者联袂形成了主导传统学校课堂几百年的教学方式。

毫无疑问，以"班级授课制+讲授法"为主要特征的传统教学方式的产生和发展是社会和教育进程的历史选择，是世界教育史上的巨大革命。这种教学方式相对于个别教学形式而言，具有明显的优势。

总的来说，传统课堂教学方式的优势包括：

（1）显著提高教学效率。班级授课制使得一个教师可以同时面向几十个甚至上百个学生进行讲授，教师可以在有限的时间内将大量知识传授给学生，有利于学生快速掌握系统知识，扩大教育规模，并提高教学效率。

（2）统一的教学安排有利于学校管理。班级授课制强调固定的班级人数和统一的教学时间、教学内容、教学进度、评价方式，有利于学校进行教学管理。

（3）有利于培养学生的集体观念和组织纪律性。在班级授课制中，学生以班级为单位进行集中学习，学生可与教师及同学进行多向交流、互相影响，有利于培养学生的集体主义精神和组织纪律性。

丛立新教授从心理学的角度对讲授法的合理和合法性进行了深入阐述：心理语言学实验证明了讲授法要求以学生复杂、积极的心理活动为基础；奥苏贝尔的研究证明了讲授法是教学方法中比较高级的一种；维果茨基的理论证明了讲授法与人类的高级心理机能相关。她进一步指出："因为社会与科学的进步，才有了系统的科学知识；才需将这些系统的科学知识不间断地一代代传递下去，才需要普及教育，才需要有高效率的教学形式和方法来完成这种任务。自从人类进入现代社会，这种任务已经成为社会发展的基本条件。直至今日，只有以讲授法为主，与班级授课制、学科课程联袂，才能完成这一任务。"

虽然传统教学方式具有上述优势，在推动社会进步和人才培养上起到了重要的作用，但是这种教学方式的局限和弊端也十分明显，具体表现为以下几个方面：

一、集体学习与个性化学习的矛盾

传统教学方式的最大优势在于其知识教学的高效率。学生以班级为单位进行集中学习，可以在有限的时间内高效率地学习系统的科学知识。但是集体学习的高效率同时也导致了对学生个体的忽视，无法做到因材施教。

在传统班级中，一名教师面对几十名学生，每名学生都是独特的个体，他们的智力水平、性格特点、爱好倾向、学习风格、学习水平等方面都是不同的。但是教师只能用相同的教学进度、教学内容和教学方式来教授所有的学生，无法照顾到个别差异。

课堂以教师的教为主,学生学习什么、怎么学习、什么时候学习、学到什么程度、学多少、在哪里学都是被规定好的,整齐划一。这就必然导致教学只能适应一部分学生,另一部分学生可能感到无所适从。比如有些学生擅长逻辑思考,有些学生擅长动手操作;有些学生数学学得快,有些学生语文能力高;有些学生喜欢听,有些学生喜欢读;有些学生很快就掌握了,觉得老师太啰唆,有些学生跟不上老师的节奏,觉得老师讲得太快。长此以往,有些学生"吃不饱",有些学生"消化不良",教学质量无法得到保证。

大量的教育心理学研究表明,符合学生个体特点的个性化教学效果最佳,学生的个体特征尤其是先前知识水平在很大程度上决定了教学的效果。我国古代也有"温故而知新""以其所知,喻其不知,使其知之"的说法,同样表明先前知识在教学中的重要性。

近年来在国际教育心理学界影响很大的认知负荷理论,主要也是基于学生的先前知识水平来研究教学的有效性的。认知负荷理论的基本观点认为,学生在学习的时候会产生各种不同的认知负荷,从而影响学习效果。不同的学生具备不同的先前知识水平,相同的教学方法对他们会产生不同的认知负荷,对高知识水平学生来说合适的教学可能会对低知识水平学生带来过低的认知负荷;反之,对低知识水平学生来说合适的教学会对高知识水平学生带来多余的负荷,产生冗余效应。因此,教师在教学中要根据学生的先前知识水平,适当控制学生的认知负荷,以达到理想的教学效果。

教学实验表明,具有不同先前知识水平的学生在学习时的关键特征是不同的。对低知识水平学生而言是关键的认知特征,对高知识水平学生可能并不关键,反之亦然。教学需要根据学生不同的知识水平,仔细分析学生学习的关键特征,有针对性地进行教学设计,才能取得比较好的效果。

总之,大量的研究表明,基于学生的个体特征,尤其是先前知识水平的个性化教学效果是最好的。而传统教学方式由于其集体授课的特点,教师用统一的方法,把统一的内容在统一的时间和空间中以统一的进度教给学生,并使用统一的方式进行评价,这就决定了教师无论如何很难照顾到学生的个体特点,做到因材施教。个性化注定是传统课堂教学所无法真正解决的问题。

二、知识学习与能力发展的矛盾

　　传统的课堂教学方式擅长在有限的时间内把大量的学科知识系统地传授给学生，其在知识教学上的高效率是不可否认的，也是其合理性和合法性的基础，但是也应该充分认识到其局限性。即使在知识教学上，传统教学方式也有需要进一步改进的空间。讲授法对于教师的教学水平有比较全面的要求，对于学生的学习心向和学习动机也有比较严格的要求。讲授法受学生言语和思维的发展水平的限制，即使最佳的讲授也难以满足认识活动，特别是实践或物质活动的需要，因此必须与其他教学方法相互配合。

　　教师在讲授时经常由于无法调动学生的学习动机和不当估计学生的先前知识，致使讲授法变成注入式教学。首先，讲授法经常无法调动学生的兴趣和注意力，导致学生的认知主动性比较低，从而变成注入式教学。可以想象在一个昏昏沉沉的课堂中，如果学生对教师讲的东西毫无兴趣，那么不管教师讲得如何精彩、多么投入，也无法调动学生的先前知识来与新知识进行整合、建构，也就无法改变学生的长期记忆，学习就不会发生。其次，教师在使用讲授法时经常会忽略学生的先前知识。如果学生在听讲时并不具备相关的先前知识，那么即使他们具有较高的学习动机，也无法理解新的知识，知识的建构也就没有基础。在学生没有足够认知准备的情况下教授学生知识，学生就只会把新知识背下来，而不是去理解和思考。讲授法在很多时候无法发挥效果，就是因为教师不当地认为学生具备了相关的先前知识。

　　针对这些局限性进行改革，教师在使用讲授法时需要考虑学生的先前知识。如果学生具备了相关的先前知识，那么教师就需要激活这些先前知识，调动学生的学习积极性，帮助学生进行新旧知识的整合，使讲授成为学生有意义的学习。如果学生不具备相关的先前知识，教师就需要帮助他们准备必要的先前知识，为讲授创造出合适的时机。

　　除了在知识教学上的局限，传统教学方式更大的局限体现在对学生的能力培养方面。真正的教育应该培养学生批判性独立思考的能力，并为终身学习打下基础。在今天的信息化社会，知识的数量以几何级数增长，知识的更新速度大大加快，只是让学生掌握知识已经无法满足社会对人才的要求，教育需要培养学生应对未知未来的能力。

一名高素质人才除了要掌握相关的知识，还需要在各方面的能力上得到全面发展。目前全球教育领域热议的核心素养，如公民责任与社会参与、批判性思维、学会学习与终身学习、自我认识与自我调控、创造性与问题解决、沟通与合作等素养，反映了学生应具备的适应终身发展和社会发展需要的必备品格和关键能力。这些都体现了当前社会和时代发展对人才的要求，是否具备必要的能力素养、品格态度、综合素质，是学生未来发展的关键。

教育目标可以分为认知领域、情感领域和操作领域三个方面。在认知领域，可以进一步划分为记忆、理解、应用、分析、评价、创造由低到高六个层次的认知目标。以往课程过多地关注知识，把90%的时间用于知识的学习。而知识只是认知领域中最低层次的目标，其价值在相当程度上是作为理智的能力和技能的基础。以教师讲授为主的传统教学方式在实现知识的记忆和理解目标上具备较高的效率，但是对于知识的应用、分析、评价、创造目标，以及情感领域和操作领域的目标，则难以有效实现。

三、被动学习与主动学习的矛盾

大学生学习被动、积极性不高，除了大学生自身的问题，教师采用传统的方式进行教学也是其中一个很重要的原因。以知识讲授为主要特征的传统教学方式对教师教学水平和学生学习动机都有比较严格的要求，并经常由于使用不当而变成单向传输的灌输式教学，压抑了学生学习的积极性、主动性和创造性。

社会心理学的自我决定理论，很好地解释了为什么传统的教学方式容易造成学生的被动学习。自我决定理论认为个体具有三种基本的认知需要：胜任、自主和关系。学习环境是否满足个体基本的认知需求决定了个体具有什么样的学习动机。个体在某个社会情境中的行为如果让他感到胜任力，而且这种行为是自主决定的，那么这种行为的内在动机就会得到提高。尤其是如果个体在该社会情境中还能够感知到安全感和关联性，那么这种内在动机则会更显著提高。就学校教育而言，为了提高学生的内在学习动机，他们需要掌握能够帮助在某个社会情境中获得成功的知识、技能和行为来感知自身的胜任力，需要感知到控制力和独立性。而在传统的课堂教学方式中，课堂主要是教师表现的场所，学生的主要任务是安静地听老师讲授、努力理解并做笔记，基本没有或者很少有机会表现他们的胜任力。教学的内容、进度、评价等环节都由教师决定，学生的自主性基本没有得到考虑。此外，传统教学方式的信息主要是单向传输，学生与教师以及同伴之间的沟通交流都十分有限，不利于学生感知到归属感和关联性。简而言之，学生在传统的课堂当中，其胜任、自主和关系三种基本的认知需要都难以得到充分的满足。根据自我决定理论，学生的学习动机就会比较外在，学习就会比较被动。

四、教师中心与学生中心的矛盾

传统的课堂教学方式重视系统知识的传授，就必然要强调教师的主导作用，从学科知识和教师的角度对教学进行设计、实施和评价，因此也经常被称为"教师中心""书本中心""课堂中心"的"三中心"教学体系。教师在教学中起主导作用，具有客观必然性和必要性，教学的方向、内容、方法、进程、结果和质量等，都主要由教师决定和负责，因为教师"闻道"在先，而且受过专门的教育训练，教师可以把外部环境和教育对学生提出的要求和提供的条件，集中起来发挥影响。教学是教师教与学生学的统一活动，学是教主导下的学，教师在教学中必然要起主导作用，否则教学就变成学生自学。但是应该看到，教是为学服务的，"学"是教师主导作用的落脚点，不能因为强调教师的主导作用而忽视了学生的主体和中心地位。传统的教学方式很容易出现片面强调教师主导作用而忽视学生主体地位的情况。

比如教师使用讲授法进行教学的时候，往往从自身经验和学科的角度出发设计和实施教学，对于自己认为比较重要和困难的知识点，教师一般都会花比较多的时间进行讲解；而对自己认为比较容易的知识点则很可能会简单带过，甚至略去不讲。然而，学生学习的真正难点并不一定如教师所预想的那样。教师认为学生已经听懂的，学生可能还没有听懂；反之，教师认为学生没有听懂的，学生可能已经听懂了。在这种情况下，教学脱离了学生的实际认知情况，必然是低效的。

学生学习的关键特征和难点是由学科知识和学生自身的认知水平共同决定的。教学需要从学生的认识出发，找到教学的关键特征。大量研究表明，教学是否基于学生的先前知识水平，是否整合到学生正在进行的认知活动，是否提供及时充分的教学反馈，是影响教师教学有效性的重要因素。教师使用传统教学方式进行讲授的时候，难以及时有效地把握学生实时的认知水平和认知活动。即使教师能察觉学生的困难，也无法对学生进行有针对性的教学和及时的反馈，因为大部分的课堂时间都用于教师的讲课，时间不够用来再进行其他的指导。教师虽然在讲授时也会偶尔穿插课堂提问，但难以获得足够的反馈。在这种情况下，教师的讲授往往会外在于学生的认知活动，从而失去教学的有效性。

以"班级授课制+讲授法"为主要特征的传统教学方式，虽然在知识教学的规模和效率上表现出明显的优势，但是这种教学方式无法很好地照顾到学生的个性化特点，做到因材施教，无法有效地促进学生的关键能力和核心素养的发展，容易忽视学生的主体地位，导致灌输式教学和被动学习。这些局限和弊端是传统教学方式内在的和固有的，在很大程度上不以教师和学生的个体情况而改变。不管是久经沙场、技术高超、经验丰富的优秀骨干教师，还是初出茅庐、未经锤炼、缺乏经验的新入职青年教师；不管是态度端正、学习积极性高的学生，还是无心学习、爱玩贪睡的学生，只要课堂上使用的是传统的教学方式，就难以从根本上避免这些弊端。比如，教学经验丰富的优秀老师虽然可以把知识讲得深入浅出、清晰易懂、引人入胜，但主要针对的是知识的记忆和理解，无法真正培养学生的操作能力或者让学生形成深刻的情感体验；无法及时掌握学生的理解情况和认知活动，根据学生不同的个体特征调整教学；无法真正满足学生的自主需求，充分调动学生的内在学习动机。

传统教学方式的弊端在高等教育领域表现得更为明显。研究表明，填鸭式讲授至今仍是大学常用的教学方法，平均每位教授用于讲授的时间超过 2/3。有学者对某大学各科目共 19 次课堂教学的内容进行分析，发现其中 88.5% 的课堂时间都是由教授亲自讲授，学生仅有 5% 的发言时间。哈佛大学校长也对这种传统的以讲授为主的教学方式进行了抨击，并呼吁美国大学要进行一次从以教师为中心的教学方式向以学生为中心的教学方式的根本性转变。

中国大学的情况也是如此。有学者曾指出："没有什么时候比现在对教学方法改革的要求更为迫切、更为强烈了。如果大家天天讲创新、讲创新能力培养，而丝毫不去触动在人才培养中扼杀创新能力、创新知识的教学方法，那就等于自己骗自己。"传统教学方式的弊端制约着学生的思辨能力、创新意识、创新能力。只有进行一场教学方法的革命性变革，才能焕发大学教育的活力，提升人才培养质量。很多高教工作者都把教学方法看作枝节性的小问题，对方法改革不屑一顾。高校不能总是将学生发展和教育教学问题放在可有可无的从属地位，以体制改革掩盖甚至取代教学改革。要创新教学内容和方式，深入掌握不同阶段学生必须具备的基本知识和能力、必须形成的核心素养，深化教育改革，提高教学水平，掀起一场"课堂革命"。

我国教育的目的是培养全面发展的社会主义建设者和接班人，立德树人是教育的根本任务。对于高等教育而言，发展学生的核心素养和关键能力，以学生为中心，重视学生的个性和创新教育，发挥学生学习的主动性，培养高素质创新人才，这些都是当今中国高等教育的应有之义。传统教学方式的弊端限制了上述目标的实现，要提高高校教学水平和人才培养质量，促进学生全面发展，必须对传统教学方式进行根本性变革，找到一条创新之路。

第二节　时代和社会发展的必然要求

教育作为社会的一个子系统，其发展必然受到时代和社会发展的影响和制约。某学者曾指出：教育受生产力与科学技术发展水平、政治制度与经济制度、文化传统三个因素的制约，要主动适应经济与社会的发展。班级授课制出现于16世纪末期的欧洲，就是因为当时近代资本主义兴起，机器逐步代替了手工生产力的发展。在这种背景下，要求普及教育，扩大教学规模，提高教学效率和质量，因此导致班级授课制的产生。

当今世界，科技进步日新月异，一个最为显著的特征即信息网络技术的迅猛发展，把人类社会带入了网络时代。信息技术的发展对社会经济、政治、文化各方面都产生了深远的影响。以"互联网+"、大数据、云计算、虚拟现实、物联网、人工智能为代表的信息技术飞速发展，深刻改变着人类的思维、生产、生活和学习方式，显著提高了各行各业的生产力，推动着各领域的变革和创新。移动互联网更是以不可思议的力量，将越来越多的人和物连接在一起，形成万物互联互动、共生共存共长的新生态。

某教授在深入研究了磁盘驱动器、机械挖掘机、钢铁冶炼等诸多行业的兴衰过程之后，将技术创新与市场创新成功地融合在一起，提出了破坏式创新理论。他指出，破坏式创新是用来描述一种开始时根源于低端市场、功能简单的产品和服务，之后无情地侵占高端市场，并最终取代已有竞争对手的过程。与维持性创新着眼于对现有体系和技术的改进不同，破坏式创新旨在另辟蹊径，打破旧的市场，开发新的市场，通过推出一种新型的产品或者服务，创造一个全新的市场。其产品往往比主流市场现有产品的性能要差，价格更便宜，操作更加简单，功能新颖，便于使用。随着时间的推移，这些产品的性能会得到改善，并会向高端市场挺进，最终与已有的市场领跑者展开竞争。破坏式创新常常会开启新的市场，改变行业竞争的重心和游戏规则，弱化在位企业的核心能力，对已经形成市场份额的在位企业具有破坏性，实现弯道超车。

信息技术正在上演着一场对传统行业的破坏式创新，导致产业结构发生剧烈的变化，深刻地改变社会的发展以及人类的生活，人类的潜能从未像今天这样得到全方位的激发和释放。众多传统行业都因与互联网的融合而焕发出全新的面貌，而忽略或拒绝信息技术则将受到毁灭性的打击。在唱片业，网络下载和在线音乐摧毁了实体唱片业，CD（激光唱盘）、磁带、录像带、光驱、随身听仿佛在一夜之间成为"古董"，在线音乐成为人们听歌的主要途径。唱片业的黄金时期已经离我们远去。音乐人无心创作，而是忙于拍电影、开演唱会、参加真人秀。在新闻业，纸质媒体在新技术的冲击下已经衰落，人们习惯了上网阅读新闻和获取信息，平板电脑和手机取代了报纸和杂志。各种新媒体、自媒体越来越受欢迎，而报亭、书店则越来越难寻踪影。中国人感受最深刻的当属实体零售业，网购的出现彻底改变了人们的购物方式。在电商时代，网络已经取代实体店成为人们购物的首选去处。

人工智能更是不断刷新人类对技术的认知。某教授曾做过一项统计，美国注册在案的 720 个职业中，将有 47% 被人工智能取代。研究者分析了 365 种职业在未来的"被淘汰概率"。其中，电话推销员、打字员、会计、保险业务员、银行职员、前台、客服等职业在未来被淘汰的概率在 90% 以上，人力资源、保安、房地产经纪人、厨师、摄影师等职业被淘汰的概率也很高。人工智能专家普遍认同，人工智能不可能锁死在人类智力水平上，它将超越人类，变成我们无法理解的智慧物种。

总而言之，信息技术通过颠覆的破坏式创新深刻地改变了传统行业，极大地释放了各行业的生产力，促进了社会的发展。那么下一个被改变的会是什么行业呢？或者说目前有没有哪个行业还没有受到信息技术的破坏式创新呢?毫无疑问，教育是其中的一个行业。相对于其他行业，教育是目前受到信息技术影响相对较小的领域。不可否认，与其他领域相比，信息技术在教育领域的应用已明显滞后，大多还是停留在手段和方法等应用上，并没有对教育产生革命性影响。诸如幻灯片、投影、激光笔、电子白板这些设备对于今天的教育来说，都属于可有可无、锦上添花的创新，并不能从根本上改变教育。可以说，即使没有这些设备也不会严重影响教师上课。

当今科技发展是如此迅速。在医学领域，以前只能用听诊器的医生绝对想不到今天的同行们在用着 CT 扫描和核磁共振；在金融领域，股票经纪人曾经靠发放纸制的股票本票，今天都已经被网上交易所取代。遗憾的是，教育界不在这个行列内。学校仍然是这场科技革命风暴没能席卷的最后一个角落。教育是受信息技术影响相对较少的领域。然而，教育作为社会的一个子系统，必然要受到社会和时代发展的影响和制约，只不过是时间早晚而已。信息技术作为当今社会的重要特征，必然会对教育发展产生重要的影响。

潘懋元先生早在 20 世纪 80 年代就认识到科学技术发展对高等教育的制约作用。他根据教育的外部和内部规律，论证了高等教育与科技革命内在的必然联系。潘先生指出，科技革命对高等教育的挑战是长期的。要根据科学技术发展，制定高等教育政策，改革高等教育管理体制，进行专业调整。他还特别强调了高等教育应相应制定应对新技术革命的微观对策，根据现代化专门人才最优化的知识结构与智能结构，改革教学计划、课程教材与教学方法，要谨慎处理好科技对学校教育、传统教学过程、师生关系的影响。

在教育发展规律的作用下，随着信息技术的不断深入发展，传统教育的局面正在被打破。信息网络技术加速进入教育领域，技术的威力逐渐凸显，开始渗透并改变着传统教育的每个元素，包括教学环境、教学内容、教学方式、师生关系等。教育正在成为下一个被信息技术"破坏式创新"的领域。

慕课（MOOC）的出现和发展无疑是信息网络技术对高等教育最直接、最明显的影响和改变。慕课是大规模的，不同于传统课程，一门慕课的学生动辄上万人，多则数十万人。慕课是开放的、免费的慕课的课程和教学资源面向全世界所有人开放，只要有网络就可以注册参与，进行学习。慕课是一种在线课程，所有的课程和教学环节，包括教师讲授、学生学习、师生讨论、生生讨论、作业完成和提交、作业批改等都是通过在线实现。慕课是一门完整的课程。不同于传统的精品课和共享公开课只是把教学视频挂到网上供人学习，慕课把包括课程内容与资源、教学过程、师生互动、生生互动、教学评价等全部课程环节完整地、系统地搬到网上。因此，慕课就是大规模开放在线课程的意思。

我国慕课的发展速度也十分迅速。目前我国上线的慕课总数已达 5000 门，现有慕课将近 900 门，参与课程建设的教师超过 3 万名，平台注册用户数超过 2200 万，选课总人次达到 7000 万。

伴随着慕课的产生并流行，翻转课堂作为一种新兴的教学模式，近年来也成为全球教育界关注的热点，并迅速受到我国教育界的热捧，成为一项影响课堂教学的重大变革。翻转课堂解决了慕课只有线上学习的缺点，成功地把线上和线下学习有机结合起来，成为改变学校教育教学的一个重要切入点。美国《时代》周刊和加拿大《环球邮报》等媒体把翻转课堂评为当今影响课堂教学的重大技术变革。

慕课与翻转课堂优势互补，具有天然的契合度，二者联袂进一步推动了传统高等教育的变革。

除了慕课和翻转课堂之外，近年来，大数据、学习分析技术、直播技术、人工智能应用、语音识别、人脸识别、表情识别等技术已经越来越多地应用于教育领域，在个性化教学、减轻教师工作负担、提高教学效果上作用显著。一个个性化的智慧教育生态正在形成。有学者认为，这将是一场学习的革命，其影响绝不限于大学，对推动继续教育发展，打造灵活开放的终身教育体系，构建人人皆学、处处可学、时时能学的学习型社会，也将具有积极意义，中国大学应以在线教育发展为契机，重新思考自身的使命与责任。

《地平线报告》分析了 5 年内极有可能影响高等教育变革的 18 项关键趋势、重大挑战以及关键技术，包括 6 个关键趋势、6 个重大挑战和 6 个关键技术。

6 个关键趋势具体包括 2 个短期趋势（混合式学习设计、合作学习），2 个中期趋势（日益重视的学习测量、重新设计学习空间），2 个长期趋势（不断增进的创新文化、深度学习方式）。6 个重大挑战具体包括 2 个可解决的挑战（整合正式与非正式学习、提升数字素养），2 个有难度的挑战（成就差异、数字权益），2 个棘手的挑战（管理知识荒废、重新思考教师角色）。6 个关键技术具体包括 2 个短期内的关键技术（自适应学习技术、移动学习），2 个中期内的关键技术（物联网、下一代学习管理系统），2 个长期内的关键技术（人工智能、自然用户界面）。

《地平线报告》所提出的发展趋势、关键技术和主要挑战是高等教育变革的风向标，体现信息技术已经渗透到高等教育变革和发展中的各个方面，成为强大的推动力。信息技术重新定义了学校、教师和学生，将在课程结构与内容、教学方式与手段、教学空间与时间、师生关系与角色、管理模式与方法上产生深刻变革，不主动进行调整的学校和教师将失去竞争力，甚至被淘汰。未来高等教育的发展必须充分利用信息技术的优势，创新现有的教育教学模式，实现教育系统的根本性变革。

回首 2011 年至今，信息网络技术对教育的影响是十分惊人的。从乔布斯发出的"为什么计算机改变了几乎所有领域，却唯独对学校教育的影响小得令人吃惊？"之问，到慕课、翻转课堂、大数据、人工智能的出现并应用于教育领域，短短几年的时间，传统教育的形态在信息技术的影响下已经发生了巨大的变化。而且可以预见，未来这种变化还将进一步加剧。

当前在信息技术高速发展的情况下，必须充分把握信息技术对教育发展带来的巨大机遇，核心工作是推进信息技术与教育教学深度融合，利用信息技术从根本上改变传统的教学方式。换言之，信息技术对教育影响的核心在于能否改变传统的教学方式。

只有彻底改变高校传统的教学方式，进行一场基于信息技术的课堂教学方式的根本性变革，才能显著提升教育生产力和教育教学质量，而要做到这一点，我们依然任重道远。

综上所述，当前高校需要进行教学改革和创新主要是基于两个方面的原因：其一是传统教学方式的弊端，其二是信息网络技术对教育的影响。要避免传统教学方式带来的弊端，解决我国高校传统课堂教学的短板，并充分利用信息技术的优势来提高教育教学质量，就必须进行教学方式的改革和创新，掀起一场真正的"课堂革命"。课堂教学是推进高等教育现代化的核心，没有高质量的课堂教学就没有高质量的高等教育，也就没有高等教育的现代化。尤其当前全球优质教育资源和强势文化借助信息技术的强大冲击力，给我国的高等教育带来了极大的挑战，中国大学必须加快教育改革，提高教学质量，否则就有沦为世界一流大学教学实验室和辅导教室的风险。

第二章 高校教育教学理念的创新

第一节 高校教育教学理念创新的缘由

一、高校教育教学理念创新的由来

（一）培养人才观念的形成

高校教育的根本任务是培养人才，而人才培养的主要途径是教学活动。改革开放以来，确立了知识本位的高校教育思想观念。

随着国家对人才培养质量的关注与重视，人们开始重新认识和反思高校教育教学和科研的关系，进而确立了教学在学校工作中的中心地位，无论什么类型的高校教育，首要任务是人才培养，科学研究也要肩负起人才培养职能。高校教育教师必须把教学放在第一位，切实履行教师的基本职责。

随着世界高校教育发展和科技、社会进步对人才培养规格新要求的不断提出，能力本位观点越来越受到重视，社会更需要提供知识全血、技能过关的高素质人才。因此，对教学活动提出了新的要求：一方面是出于理论教学与实践教学的关系问题的考虑，既不能忽视理论教学，又要加强实践实验教学；另一方面也是出于协调学校教育与社会教育的关系，既不能在学校教育与社会教育之间走极端，也不能过多增加学生的时间、经费、心理等学习负担。于是，新的教学中心地位理论逐步得到丰富和发展，在校内强调理论教学与实验，在科研活动中培养学生能力，在校外加强实习实训基地建设，建立产学研究机制。

（二）以专业教育为主的教育思想形成

一般认为，国际上高等教育大致有两种教学模式：一种是专才教学模式，学生在校学习时间较长，既打基础，又进行实践训练；另一种是通才教学模式，学生在校学习时间较短，主要是打基础，实践训练放到大学毕业以后。我国最先实行的是专才教学模式。改革开放后，专才教学模式出现许多问题，我国开始注意学习通才教学模式。同时，这两种模式自身又不断变化和交融。

一般认为，现代专业教育思想源于美国国家功利主义视域下的科学主义高校教育哲学，兴起于20世纪初以实用为标准的功利主义教育观影响了美国几十年，受苏联1957年"卫星上天"的影响，美国更加重视高校教育教学的科学功利。1978年我国召开的全国科学大会提出"向科学进军"，迎接科学春天的到来，此后一直成为国家教育方针政策以及学校教育教学工作的重要指导思想的构成元素。但培养学生一技之长的专业教育思想很快也受到素质教育思想的挑战，因为国内外的人才成长及使用实践表明，仅有一技之长的人并不能担当高级专门人才的重任。随着世界科技的迅速发展，学科专业高度分化后再高度综合成为发展趋势，人才培养与社会工作都越来越复杂化，特别是"曼哈顿计划"反映出社会工作对人员合作、协调、组织能力等综合素质的要求越来越高，不仅要具有扎实的基础、宽广的知识面、较强的能力，而且要具有良好的思想政治素质、道德水平、健全的身体和心理素质。

以自由教育、人文教育、普通教育等形式出现的综合素质教育思想得以萌生，传统意义上的专门人才培养模式、观念逐渐被拓宽专业口径、增强"适应性"的呼声和"通识教育"的理念所取代，仅仅重视科学技术的"精、深、专"为"德才兼备""文理兼备"的人才目标所取代。随后，华中科技大学率先提出以人文素质教育为突破口，中共中央和国务院出台专门文件推进高校教育全面素质教育，并建立了一大批国家人文素质教育基地。人文素质教育并非只对理工科学生进行人文科学知识传授，而是对所有学生加强人文品格、人文精神的全面教育，是通识教育的具体体现。

（三）促进终身学习和终身教育观念形成

按照传统的职业教育观念，高校教育在教育序列中毫无疑问就是人一生的终结性教育活动。但由于世界科技发展的日新月异以及世界性社会工作的不断变化，由联合国教科文组织的系列报告引发，以素质教育思想为理论支撑的终身教育、终身学习观念逐渐渗透到高校教育领域，高校教育究竟是终结性教育还是基础性教育一时成为学术界的争论热点。特别是高校教育达到大众化甚至普及化程度之后，高校教育的基础性就更加突出，高校教育只能为学生未来成为科技人才，从事科技职业打下知识、能力和继续学习的基础，而不能为未来准备好所需的一切。因此，高校教育人才培养必须更加重视比较宽广的学科领域、比较扎实的基础知识、比较强的学习和研究能力，也必须为在职人员提供高校教育后继续学习的条件。

（四）以学生为本的个性化教学观念逐渐生成

一场世界性的学习革命使高校教育教学模式也必须适应受教育群体的历史性变化，这是高校教育教学创新的直接指导原则和方向。具体而言有如下表现：由单纯的掌握知识转变为更加注重智力发展和能力培养；由单纯的专业知识和能力培养转变为同时注重拓宽知识面，培养具有包括外语能力、经管能力、交往能力等多种能力的复合型人才；由单纯注重统一的培养规格转变为同时注重发挥学生的多样化特长和学习潜力；由偏重理论知识转变为同时注重实际知识，进一步强调理论与实践相结合等。

因材施教，促进人的全面发展是一条基本教育原则。为了突出学生在人才培养中的主体地位，在教学管理、教学环节、教学方式等方面也要将统一的、固定的人才模式变革为多样化、个性化的教学过程和教学形式。既努力拓宽专业口径又坚持按专业培养人才；既制定人才培养目标和基本规格又给予学生充分自由的发展；既坚持教学工作的计划性又给予学校、专业、教师和学生较大的灵活性。在教学管理上，推行学分制，实行选课、选专业等灵活的制度和政策。

二、高校教育教学的变化趋势

进入 21 世纪以来，随着我国高校教育大众化进程的不断推进，高校教育条件保障机制等方面遇到了困难。政府和高校的积极举动就是试图既改善高校教育的条件保障状况，又注重将物化的环境与条件转化为人才培养所必需的制度建设，不断推进教学思想观念创新。

（一）建立健全的教育观

健全的教育观具体表现在创新高校教育资源共享上，通过新教材和立体化教材建设、网络教育资源开发和共享平台建设，建设面向全国高校教育的精品课程和立体化教材的数字化资源中心，建成一批具有示范作用和服务功能的数字化学习中心，完善终身学习的支持服务体系，提升我国高校教育的质量和整体实力。这需要充分考虑提高教学质量的系统性和复杂性，确定一些具有基础性、全局性、引导性的创新突破口，引导高校教育教学创新的方向，实现高校教育规模、结构、质量和效益协调发展。同时，也需要调动政府、学校和社会各方面的力量，把发展高校教育的积极性引导到提高质量上来，充分利用各方面力量支持高校教育的发展，切实解决高校教育在提高质量方面的实际问题，为高校教育办学创造良好的外部环境。

（二）高校教育教学创新

高校教育教学创新与高校教育质量提高是一对永恒的话题，总体而言，我国高等教育教学创新在实践活动上可谓阵容庞大、气势恢宏，但在形式和内容上出彩不多。因此，在教学制度创新方面，要继续建立和完善教学评估制度、专业认证制度、高校教育基本状态数据发布制度等；在教学活动创新方面，不仅要落实"教授、名师要上课堂"，还要努力建设高水平的教学团队。同时，应继续突出学生的主体地位，不断加大学生选课、选专业余地，通过学分制使学生学习的自主性、自我责任心进一步增强。还应通过各级各类大规模、高强度的教学研究与教学创新立项和成果奖励，推动教学方法创新的激励机制。

第二节　高校教育教学理念创新的思路

一、更新教学理念

(一) 更新教育思想，形成实践教育教学理念

实践是指将高校教育教学内容中的自然科学知识、人文知识、德育等各种理论知识教育，通过具体的系统实践来消化、固化、融合、升华。在实践中统一科学教育与人文教育，把实践育人贯穿人才培养的全过程，培养学生的实践能力和创新精神，提升个人人文素质和科学素质，达到完全与社会实际需要相符合。高校在校园文化建设中要建立一种新的激励机制，带动学生积极展开创新创业活动，并给予大力支持，全面推进实践教育。

(二) 树立以学生为本的教学理念

在教育教学中要体现出对学生主体地位的充分理解和尊重，对学生潜能的充分诱导和挖掘，对学生人格的充分培养和塑造，把学生的个人意愿、社会的人才需求、学校的积极引导有机结合起来，使学生在知识、能力、思想道德、身心健康等各方面得到均衡、全面的发展，从而促进学生成长成才。这一教学理念要充分贯彻体现到高校教学环节之中的各个方面。在教学模式上，实施弹性教学计划，建立学分制、主辅修制，让学生有一定的选择权和支配权，可以自由支配属于自己的时间和空间，着力于学生创新能力和实践能力的培养；在教学目的上，要一切为了学生，为了学生的一切，为了一切学生。在教学方法上，要大力提倡"以学生为主体、教师为主导"的互动式教学方法，鼓励进行问题式、案例式、讨论式、情境式教学法，开展"启发、互动、

探究式"的课堂教学实践，采取一系列措施，使教师由传统式知识传授型教学向现代式研究型教学转变，引导学生由被动接受型学习向研究型学习转变。

（三）灵活多样的教学组织形式

在教学组织的具体实施方面，应采取灵活多样的教学组织形式，而对传统教学方式进行创新，充分发挥学生的个性，对学生进行激发和引导，使学生经过探索研究而学会自主学习，使教学方式以传授知识向培养学生认知能力和全面素质转变。转变以教师、课堂、书本为中心的教学局面，进行师生互动，展开专题讨论，鼓励自主探索与合作的学习方式，培养学生的探索精神与批判性思维；重视教学的创新性和学生个体间的差别指导，让学生在与教师的朝夕相处中耳濡目染，接受熏陶；以学生亲自动手实践为主，采取提供实践平台、鼓励学生积极参与科学研究实践课程创新的手段，增强教学活力，培养学生获取新知识、分析和解决问题、交流与合作的能力。

（四）制定均衡的高校教育资源配置政策

在重点大学和普通大学之间要实现教育资源配置的均衡。在建设和发展"双一流"大学的同时也要兼顾一般大学，着力改善一般大学的办学条件。还要针对目前不同区域间高校教育差距越来越大的现象，制定相应的区域高校教育政策，寻求不同教育资源在区域间配置的平衡，增强区域高校教育发展的动力。

第一，科学合理地安排高校教育的学科专业布局，加强教学内容和课程体系创新。

第二，合理安排课程设置，高校的办学理念、专业与课程设置、教学模式要与社会需求相一致，培养与社会需求相符的人才。

第三，在进行学科专业建设时依据"厚基础"原则构建培养本学科专业人才的基础知识、能力和素质结构。

第四，在安排学科专业布局时要依据"宽口径"原则，拓宽学生的专业知识面，把专业设置从对口性向适应性改变，实行"宽口径"的专业教育，优化课程整体结构，拓宽专业课程交叉培养，提高教学质量，提高学生的综合素质，培养学生的科学全面发展，为社会提供高素质人才。

第五，高校要抓住自身特色，合理定位，遵循差异性原则，建设优势学科，避免模式单一，合理配置教育资源，促进教育公平，促进高校教育科学发展。

（五）因材施教，树立以学生为本的教学理念

因材施教，就是根据不同学生的个性特点来进行不同的教育活动，通过对差异性的辨析制订出适合其特点的教学计划。教育公平的实质不是使每一个学生都要获得同样的教育，而是使每个学生都获得适合自身的教育，这就是教育公平的适合性原则。要充分认识到学生是教育活动的主体，学生是发展的独立的人，每个学生都有自己独特的个性，要做到在制定教学目标、教学模式、教学内容以及教学方法等方面坚持以学生为本的教学理念，尊重学生的主体地位，充分挖掘学生的潜能，使学生的个性得到充分发挥，塑造学生的健全人格，促进学生的全面发展，促进教育公平的实现。

（六）构建高校教育教学质量保证体系

高校教育教学的质量直接影响着人的全面发展，最终影响经济社会的发展，要依据相应的政策法规建立高校教育教学质量保证体系，规范学科专业建设，避免重复建设和教育资源浪费，构建独立的、有权威性的高校教育教学质量评估机构，加强对高校教育教学质量的监督，完善高校教育教学评估政策，充分发挥社会的监督作用。

总而言之，追求高校教育教学公平是促进高校教育公平的核心所在，也是促进高校教育创新发展的不懈动力，必须继续深化高校教育教学创新，优化高校教育结构，不断提高高校教育教学质量，实现人的全面发展，最终促进高校教育教学公平的实现。

二、办学特色

办学特色的形成如下：

第一，教育教学创新，培育办学特色。一所有特色的高校必定拥有自己独特的教育思想和教育教学理念，这种教育思想和教育教学理念能够在特定的时空环境，指导高校在办学发展过程中的办学思想和办学理念，并能适应时代和社会对教育和人才培

养的要求，符合教育思想和教育教学理念的创新要求，符合教育创新发展和社会进步的一般规律，能够促进教育发展方向、人的全面发展及人才培养过程的优化。教育教学的创新必将带来教育思想的转变，先进的教育思想必将促进先进办学思想的实践，包括新的办学目标、办学模式的重新定位标准，如何实现这一标准所采用的方法、途径以及对此办学实践效果的综合评价。

第二，构建学科特色，促进办学特色。学科特色建设是促进高校办学特色形成的关键所在。学科建设作为高校培育人才、科学研究和服务社会三大职能的具体承担者，它的建设和发展水平对高校的人才培养、科学研究、专业建设和师资队伍建设等方面的质量有着重要影响，对高校办学特色的形成有着强有力的支撑作用，并决定着学校的服务能力和水平及办学层次的提高。学科特色是高校办学特色中的标志性特色，是构成高校教育核心竞争力的主要组成部分。学科特色，一是指特色学科，指某一特定的学科特色；二是指学科结构体系特色，指由几个特色学科共同组成的学科特色。特色学科是学科特色发展的基础，学科结构体系特色是学科特色的扩展，真正的特色学科具有不可替代性，是难以被模仿和复制的。

高校在学科建设上不能求"大"、求"全"、求"新"，而要求"精""尖"，要因校制宜地构建优势学科，发挥优势学科所附带的"品牌"效应，形成办学特色。某教授曾经说过，世界上地位上升很快的学校，都是首先在一两个学科领域有所突破，而不可能在各个领域同时突破，达到世界一流。学校要全力支持最优秀的学科，要有先有后，把优势学科变成全世界最好的，其他学科也就会自然而然地提升上来。所以，从某种意义上来讲，一所高校的学科优势所在，也就是这所大学的办学特色所在。

第三，发扬高校精神，形成办学特色。高校应该是思想自由、学术自由，培养人、完善人，不断提升人格和道德，追求学术真理的。高校精神就是在学校里做学问的心理状态和文化立场。高校精神是一所学校内所有成员在长期办学实践中共同创造、传承、逐步发展起来的，被学校所有成员共同认同而形成的一种精神理念，它反映了一所学校的历史文化传统以及面貌，是学校的精神信念和意志品质的准确表达，是学校独特气质的精神形式和文明成果的表现，也是学校所有成员的精神支柱。高校精神犹如个人的品格，是高校最为核心和高度抽象的价值追求和行为规范，决定着高校的行为方式和高校发展的方向，是高校存在和发展的基石，是高校的灵魂和本质所在。高校精神是高校保持永久活力的源泉，是高校优良传统文化的结晶，是高校在长期教育实践中积淀下来的最具典型意义的精神象征，体现了高校所有的群体心理定式和精神状态，展现了高校的整体面貌、风格、水平、凝聚力、感召力、生命力，最终凝聚形成独有的办学特色。高校的办学理念以及办学实践应该有利于高校精神的形成和发展，并使之形成一种特色教育，经久不衰。

三、推进师资队伍建设

逐步取消高校行政级别，精简高校管理机构，压缩行政费用开支，使教师真正在高校中处于主导地位，同时进行师资队伍建设。百年大计，教育为本；教育大计，教师为本。教师重要，就在于教师的工作是塑造灵魂、塑造生命、塑造人的工作。一个人遇到好教师是人生的幸运，一所学校拥有好教师是学校的光荣，一个民族源源不断涌现出一批又一批好教师则是民族的希望。国家繁荣、民族振兴、教育发展，需要大力培养和造就一支师德高尚、业务精湛、结构合理、充满活力的高素质专业化教师队伍。

（一）优化高校师资队伍结构

高校师资队伍的结构内容主要包括教师的学历、职称、年龄等几个方面，可以直观地反映出教师队伍的质量、能力和学术水平等一些基本情况。

要继续加大对骨干教师和优秀学科带头人的引进力度，强化高层次带头人队伍建设。对于高职称的学科、学术带头人、紧缺专业人才要给予一定的政策倾斜，根据学科发展的目标，有目的地吸引高层次人才，以确保高校师资队伍的职称结构比例合理。还要通过有效措施引进高学历人才，提高师资队伍的学历层次。加强本校优秀人才的培养，吸纳来自不同地区和高校的人才，引进与培养相结合，推动人才与资源的有效整合，以利于各学科专业教师整体知识结构的优化，最终促进高校师资队伍结构的协调发展。

（二）提高高校教师综合素质

高校师资队伍建设是高校教育教学创新发展的基石，它直接关系着高校教学质量的提高与否。高校教育的快速发展对高校教师的教育教学思想、知识结构、教学方法等综合素质提出了更高层次的要求，要求教师具有熟练应用现代信息技术和现代教育手段的能力、教学与科研的创新能力、理论联系实际的能力、将知识服务于社会的能力以及良好的社会交往能力，要建设这样一支学术过硬、综合素质较高的教师队伍，我国的高校教育师资队伍建设任重而道远。提高高校师资队伍的综合素质要把师德建设放在首位。师德建设是师资队伍建设的基础，不断加强师德建设，是全面贯彻党的教育方针政策的根本保证，是培养德才兼备的高素质的社会主义建设者和接班人的必然要求。在高校师资队伍建设中要遵循"以人为本"的原则，牢固树立"师德兴则教育兴、教育兴则民族兴"的爱国主义教育教学理念，要求教师不断更新观念，用现代教育思想充实自我、完善自我，推进高校师资队伍建设，建设一支为人师表、作风优良、爱岗敬业、治学严谨、教学科研能力强、与时俱进的高素质教师队伍。

提高高校师资队伍的综合素质要注重教师教学素质的培养。教学是培养人才的直接途径，也是高校的主要工作，教师是教学的实施主体，培养教师的教学科研能力是提高教师教学水平的主要途径。要改变过去只注重学历的提高而忽视教育教学能力培养的状况，既要注重教师专业学术水平的提高，也要重视教师教学水平的提高。要求教师掌握教育教学理论、教学方法以及教学规律，增强教师提高教育教学水平的积极性和自觉性。还要加强教师对科研工作的重视，为教师提供进行科研创新的条件，提高高校师资队伍的科研能力、学术水平和教师职业化水平。以"特色专业—精品课程"建设和聘任重点学科带头人为龙头，加强重点学科带头人、学术带头人、学术骨干队伍建设，在部分学科领域形成独具特色的人才群体，致力于学术大师和教学大师的培养，带动师资队伍整体水平的提高。

总之，要把高校师资队伍看作一个整体，通过多种方式培养高校师资队伍的现代教育教学。提高教师的专业理论学术水平、教育教学能力、科学研究能力以及科学文化素养，全面提升教育教学功能、团队协作功能、科研开发功能及社会服务功能，使其掌握先进的教学、科研方法，具有崇尚科学、勇于创新的开拓精神，具有为高校教育事业不懈追求的精神，为高校培养一支具有良好的职业道德、较强的教学科研能力和充满活力的高素质师资队伍。促进高校教育教学质量和水平的提高，促进师资队伍建设的良性循环，促进我国高校教育教学创新，为高校教育创新的跨越式发展奠定基础。

四、创新课程体系及教学内容

（一）课程体系创新

首先，要优化和调整学科专业课程结构，因材施教，分层次教学、分类别培养，同时进行主辅修、双学位、定向培养、中外合作办学等多样化的人才培养模式，在满足不同基础学生学习的需求和发展需要的同时也能促进人才培养质量的提升；其次，在课程结构上打破传统的单一课程结构类型，即分科课程、国家（或地方）课程、必修课程，重新调整课程结构，优化课程体系。综合课程、必修课程和选修课程都要各自占有一定的比例，以"本科规格+实践技能"为特征，重视学生的个别差异，坚持四个结合，即理论与实践、人文教育与专业课程教学、课内与课外、校内与校外相结合，构建一种合理的适合学生发展的课程体系，最终培养学生具备两个方面的素质——文化素质与创新素质，提高四个方面的技能——基本技能、通用技能、专业技能、综合技能。

在高校基础课程教育上，构建综合基础教育体系，搭建公共实践平台，包括专业实验、实习、设计、毕业设计（论文）、德育实践、科技文化实践、创新实践等。还要构建学生实践能力考核体系，对学生的综合实践能力进行考核，进行"创新课程"研究，转变理论基础。创新课程所依据的理论基础由心理学扩展为社会学、经济学、文化学、政治学和生态学等更具包容性的学科领域。创新不仅包括首次创造，也包括对他人所创造出来的成果的重新认识、重新组合和设计应用。

创新课程并不是以学科的方式向学生传授一整套如何创新的知识、方法和策略，也不是以学生获取学科知识为中心，而是以综合实践的方式为学生提供相对独立的、有计划的进行研究性学习、设计性学习、体验性学习、实践性学习、反思性学习和生活性学习的学习机会，让学生从自己的现实社会生活中自主选择研究课题并通过对开放性、社会性、综合性和实践性问题的探究，形成自己独特的学习方式，培养学生的创新精神、探究能力、开放性思维、社会实践能力和社会责任感。同时，创新课程也是一种创新性理念，指在一种课程开发与实施的过程中除了独立的综合实践课程之外，原有的所有课程科目在具体实践中都要设置一些必要的干扰性因素，并通过课程内容的复杂性、模糊性来增加课程的难度，以培养学生的探究能力。

（二）教学内容创新

遵循"厚基础、宽口径、强能力、重质量"的复合型人才培养原则，重新规划和设计教学内容与课程体系。改变过去只在专业学科范围内设置专业课、专业基础课、基础课的"三级"课程编排方式，构建专业必修、专业选修、学科必修、公共必修、公共选修五大课程体系，对教学内容与课程体系进行重新规划和设计。按照学科专业普遍大类平行设计学科专业类课程、新公共基础课程、文化素质教育课程和实践性教学课程等较大教学课程内容体系，增加选修课，减少必修课，对公共课进行分级分类教学。

厚基础就是使学生熟练地掌握各个学科专业的基础理论、基础知识、基本技能，并能扎实地运用到实践中去，强化学生基础知识体系，打造精品课程。进一步加强学生基础理论、基础知识、基本技能和基本方法的学习与实践，进行优秀主干课程建设和基地品牌课程建设，重点建设基础较好、适应面广的学科专业基础课、主干课和专业课，使之达到国家精品课程建设标准。

宽口径就是拓宽学生的专业知识面，把专业设置从对口性向适应性改变，实行宽口径的专业教育，提高学生的综合素质，为社会提供高素质人才。在课程体系建设上，优化课程整体结构，拓宽专业课程交叉培养，提高知识质量，加强学生文化素质教育。在公共必修课程上可以设置学科必修课程，按照分类搭建课程平台，注重文理交叉，在课程体系中设置跨专业课程，强化专业渗透，为学生的宽口径发展搭建学科基础平台。优化学生知识结构，让学生根据自己的专业特长、兴趣爱好和发展趋向自由选择，进一步拓宽专业口径，培养学生综合素质。

强能力、重质量就是从培养学生全面发展、提高学生综合素质出发，以分析、模拟、教学等基本形式展开实践教学，加强课堂内外的实践教学环节，并通过组织社会实践、社团活动、专业实习等实践活动培养学生的务实能力、操作能力，注重学生的人格塑造，充分挖掘学生的潜能，注重培养学生"从一般到个别"的解决能力，着重训练学生"从个别到一般"的调查分析能力，帮助学生养成可行性分析的良好思维习惯，使培养出的学生具备强能力、高质量。

（三）注重实践教学创新

对学生进行实践教育，并多方面采取各种有效措施，确保学生专业实践和毕业实习的时间和质量，把教育教学与社会实践紧密地结合起来。

开展实践教学，要求学校通过开辟各种有效途径为学生搭建实践平台，建立一批相对稳固的课内外学生实习和实践基地，并积极组织学生进行社会实践、调研、实习等活动，逐步培养高校学生的敬业精神，培养他们艰苦奋斗的精神和坚韧不拔的意志，有计划、有目的地推动大学生自觉自愿地加强职业道德素养。逐步培养学生的实践创新能力，积极支持学生创新创业活动，致力于学生创新素质的发掘和培养。创新素质主要包括创新意识、创新精神、创新能力等三个层面的内容。在一个创新型国家的建设进程中，这种全新的创新素质正逐渐成为学生在就业市场竞争中的核心竞争力。

五、教学模式和方法创新

人才的培养是一个复杂的系统工程，必须不断探索其内在的规律，摒弃不合理的教学模式，认真细致地研究教学，研究其内在的多重因素——教学理念、教学内容、教学方法、教学模式等，从而掌握教学的规律。因此，我们提出了"教学民主"的教学观念，对传统的教学模式进行创新，开创研究性教学、开放性教学和互动性教学等一些能够体现"教学民主"的经典的教学模式，充分突出学生的主体性地位，激发学生的主动参与意识，开发学生的学习潜能，创设民主、和谐的学习氛围，指导学生学会学习，在教学中建立一种和谐的师生关系，充分调动学生学习的自发性和积极性，保证学生的全面发展。

（一）推广研究性教学，培养学生的创新意识

教学从知识传递向注重能力培养的转变，必然要求教学方式方法的变革，推进研究性教学正是深化教学创新的重要路径，也是研究型大学人才培养的一个基本特征。研究性教学是一种将教师自身的研究思想、方法和最新成果引入教学过程的教学模式。通过研究性教学，使教学建立在科研基础上，科研促进教学的提高，教学与科研互动并向学生开放，从而引导学生在参与教学过程中步入科研前沿，激发学生主动思考、主动探索、主动实践的创新意识。

第一，研究性学习的过程是情感活动的过程。通过让学生自发地参与探究性学习活动，获得亲身体验，逐步形成一种在日常生活和学习中勇于探索、努力求知的良好习惯，从而激发探索和创新的积极欲望。

第二，研究性学习的过程就是一个探索的过程。在一个相对开放的环境中寻找问题和探讨解决问题的过程。通过这一过程，可以培养学生的思维能力，培养学生发掘和解决问题的能力，对学生掌握一定的科学的学习方法，增强学生对资料的收集能力、分析能力、总结能力以及学会利用多种有效手段、多种途径获取信息都有积极的推动作用。

第三，研究性学习的过程是一个互动的学习过程。在这个互动的学习过程中离不开学生与团体、学生与学生之间的沟通与合作，可以说研究性学习为学生提供了一个人际沟通与合作的良好空间，为学生分享研究资料、学习信息、创意和研究成果以及发扬团队精神提供了一个很好的交流平台，培养学生学会合作、发现问题、克服困难、共同解决问题的能力。研究性学习的过程也是一个实践的过程，要求学生从实际出发，实事求是，尊重他人的研究成果，严谨治学，积极进取。

第四，研究性学习的过程也是一个培养学生全面素质提高的过程。通过学习实践加深了对科学的认知以及科学对自然、社会的积极意义与价值，使学生懂得思考国家、社会、人类与世界共同进步、和谐发展的伟大命题。在培养学生的创造能力和实践能

力之余还培养了学生形成积极的人生观、价值观。研究性学习过程也为学生提供了综合运用各门学科知识的机会,加深了学生对已学知识的重新记忆,培养学生的积极参与能力以及自主创新能力。

(二)推广开放性教学培养学生的创新能力

开放性教学是为了鼓励学生主动积极地去探究知识规律,对传统教学过程中影响学生发展的不合理因素进行创新,从而培养学生自主创新性学习能力的新型教学。开放性教学的主要思想理念在于以学生的发展为本,通过教学目标、教学方法、教学内容以及整个教学过程的开放,从传统的课堂教学走向开放式教学,充分发挥学生的主体作用,让学生自己掌握学习主动权,自己去探索、发现,培养学生的创新能力。在开放性教学中,教师不能仅仅拘泥于教材、教案的内容,要给学生提供充分发展的空间,创设有利于学生自主发展的开放式教学情境,根据学生的发展状况不断调整教学过程的每一个环节,激发学生学习的动力,促进学生在积极主动的探索过程中健康、全面、和谐地发展。开放性教学不只是一种教学方法、教学模式,它还是一种教学理念,它的根本目的是让学生的创新潜能得到充分发挥,以开放的教学活动过程为路径,以最优教学效果为最终目标。

(三)开创互动性教学,提高教学质量

互动性教学就是在教学过程中充分发挥师生双方的主动性,师生之间相互交流、相互探讨,促进师生共同发展,最终优化教学效果,共同完成教学目标的一种教学模式。互动性教学可以活跃课堂气氛,而且能够及时反馈学生的学习进度以及掌握知识的规律。互动性教学包括教与学的互动、教学理念的互动、心理的互动、形象和情绪的互动等。互动性教学是一种富有生命力的创造性教学,有着现代性、互动性和启发性的特点。它要求教师按教学计划组织学生系统而有目的地学习,并要求教师按学生的发展要求有针对性地因材施教。促进教师努力探索、学习,不断提高自己的专业水准和教学水平,同时激发学生学习的积极性,促进学生个性的发展,提高教学效果和效率,最终提高教学质量。互动性教学以学生为主体,以教师为主导。提倡师生平等

的沟通、交流，让学生在没有压力的情况下轻松自由地学习，让学生参与教学计划、教学决策，有利于培养学生自觉学习和主动学习的能力以及创新学习的能力。

六、重视高校学生文化素质教育

学生文化素质教育是高校高质量人才培养的重要组成部分，是我国高校教育教学创新的一个重要方面，要将文化素质教育贯穿于高校教育的全过程，进而实现教育的整体优化，最终达到教书育人的目的。高校学生的基本素质包括文化素质（思想道德素质）、专业素质和身心素质，其中文化素质是基础。文化是人们所创造出来的物质和精神的成果，是人的活动的对象化、物化，是人观念存在的形式，是超越个人的实物形态或观念形态。一种文化一旦被创造出来，就不再受时间、空间、个人的限制，就会被广泛地传播和使用。文化素质就是人们所拥有的所有文化知识的内在积淀，文化素质对于人们的人生观、价值观的形成具有基础性的决定作用，并最终成为行为的指导规范。同样，人们已有的人生观、价值观也会反作用于文化素质。提高学生的素质教育，主要是指文化素质教育及创新精神、实践能力的培养。文化素质教育重点指人文素质教育，主要是通过对学生加强文学、历史、哲学、艺术等人文社会科学、自然科学方面的教育，以提高全体学生的文化品位、审美情趣、人文素养和科学素质。

（一）提高高校学生文化素质教育的目的和意义

国家要发展，经济是中心；经济要振兴，科技是关键；科技要进步，教育是基础。由此可见，教育在我国发展中的作用和地位是重中之重的。在发展过程中，需要主体——人，是有知识、有文化、有创造力的人，进行社会发展和变革。因此，发展最根本地又被归结为人的发展。高校教育，主要是培育有知识、有文化、创新型人才，高校教育能够产生新的科学知识、新的生产力。高校教育的三大职能之一是发展科学，高校教育在传输知识、培养人才的同时，亦创造新的科学理论。高校教育所培养的不同专业、不同层次的各种文化素质人才在社会生活各领域的作用，将直接、间接地影响全社会的可持续发展，可持续发展的教育观念应从全社会可持续发展的角度来审视教育的创新与发展。在高校教育中，我国已从办学体制、投资体制、管理体制、教育教学、招生就业、考试制度等方面进行了多层次的创新，已经逐步走上了一条可持续发展的新道路。当然这条道路并不平坦，在进行创新的过程中会有诸多的问题凸显出来，其中提高高校学生文化素质教育显得尤为重要。

（二）观念变化对高校学生文化素质的影响

受社会上一些现象的影响，各种媒介的导向使我国高校学生的价值观、文化观都发生了巨大的变化。价值观是人们对人和事的评价标准、评价原则和评价方法的观点体系。它具体表现为信念、信仰、理想和追求等形态。一定的价值观反映着在一定生产关系条件下人们的利益需求，决定着人们的思想取向和行为选择。在经济日益全球化的今天，经济的迅速发展，物质的极大丰富，也在刺激着高校校园，高校学生作为最敏感的社会群体之一，其价值观也随之不断变化。当前经济发展、教育创新与媒体导向等是影响大学生价值观变化的主要因素。

文化观是一个人对待文化的态度。学生要树立正确的文化观，不狂妄自大，不妄自菲薄。合理对待外来文化，不一概排斥，但也绝不崇洋媚外。

（三）提高高校学生文化素质的途径

提高学生文化素质教育，必须将文化素质教育贯穿于高校教育的全过程，要求培养出的学生具备人文科学素质、自然科学素质，具有较强的综合能力，如观察分析能力，研究思考能力，语言、文字表达能力，决策能力，组织能力，处理复杂关系的能力，应用计算机和现代信息技术进行学习、工作和生活的能力，从而实现教育过程的整体优化，最终达到教书育人的目的。提高学生文化素质，必须从以下三方面做起：

第一，提高学生文化素质教育，高等院校必须转变教育观念，进一步加大教育教学创新力度，建立科学的课程体系，创新教学内容和教学方法。首先，转变教育思想并更新教育观念。要转变教育思想、更新教育观念，在教育过程中要注重对学生创新能力的培养，开发学生的潜力，让学生在受教育过程中享受到创新的乐趣，积极进取，把学生培养成为全面发展的人。其次，构建科学的课程体系，进行教学内容和课程体系创新,充分发挥以课堂教学为主体的导向作用。文化素质不能纯粹以自然的方式在现实生活中靠个体的感悟和体验来获得或提高,而是需要精心设计和安排,以科学而系统的课程体系为支撑,通过发挥课堂教学的主导作用,来实现学生文化素质教育的目的。总的来说,要全面提高高校学生的科学素质与人文素养。在具体教学过程中,应强调人文与科学的自然渗透与融合,必须包括文、史、哲、自然科学等多学科门类的知识内容来构建多学科交叉的高校课程体系,为培养学生科学素质和人文素养提供广博而深厚的文化底蕴。强调课程体系的科学性,使学生通过各种必修课和选修课的学习和探索,形成合理的知识结构和深厚的知识基础。

第二,提高学生文化素质教育,高等院校必须提高教师队伍质量,使教师的科学素质和人文素质全面提高。有学者曾指出,大学为纯粹研究学问之机关,不可视为养成资格之所,亦不可视为贩卖知识之所。学者当有研究学问之兴趣,又当养成学问家之人格。教育工作者是社会主义核心价值体系的宣传者和教育者,"身教重于言教",教育工作者要发扬严于律己、以身作则、率先垂范的优良作风,自觉自愿地做到诚信、肯学、肯干,带头实践所提倡的道德标准、价值观念和理论要求,真正起到教育和带动广大学生的领头作用,只有这样,才能真正提高和发挥社会主义核心价值体系中教育工作的说服力、吸引力和感染力。

第三,提高学生文化素质教育,必须创新人才培养模式,把知识、能力和素质三者有机地结合起来,贯穿于高校教育的全过程。使高校学生在这三个方面获得同步提高,以期造就出高素质的全面发展人才。要培养学生拥有良好的文化素质修养,不仅是传授文化知识,而且要教给他们获取知识的方法和技能,在获取知识的同时,让能力得到充分的发挥,个人素质得到充分提高,这才是教育创新的最终目的,这才是教育的真正目的。教育是帮助被教育的人,让他能发挥自己的能力,完善他的人格;不是把被教育的人造成一种特别的器具,给抱有他种目的的人去应用的。

除此之外,还要全社会的积极配合,媒介充分发挥积极正面的舆论导向作用等,只有这样,培养出的学生才是全面发展的人,才会成为有益于社会、有益于人类的有价值的新型知识人才,才能继续推动教育创新,才能推进整个社会的可持续发展。

第三节　高校教育教学理念创新的举措

一、树立终身教育的教学理念

终身教育、终身学习的思想是近代以来各国教育界乃至思想界的热门研究课题之一，构建终身教育体系、创建学习型社会也逐渐成为联合国以及世界各国指导教育改革和社会发展的基本理念。终身教育论者认为教育具有时空的整体持续性，即教育与学习"时时都有，处处皆在"。传统教育往往将人的一生分割为三个时期，即学习期、工作期、退休期。终身教育则冲破传统教育的观念，认为教育应当包括人发展的各个阶段及各个方面的教育活动，既包括纵向的一个人从胎教开始直至死亡的各个不同发展阶段所受到的各级各类教育，也包括横向的从学校、家庭、社会等各个不同领域受到的教育。

《中华人民共和国教育法》明确提出，要建立和完善终身教育体系。终身教育、终身学习，建立和完善终身教育体系，已成为我们义不容辞的职责。因此，要树立终身教育的教学理念，将各类教育形式有机结合，合理配置，创新高校教育的教学模式。高校教育肩负起发展终身教育的重任，依据社会的发展、职业的需求搞好高校教育、岗位培训、知识更新教育和继续教育，尽可能满足社会和经济发展的各种人才的要求。

强化开放办学的指导思想。世界许多国家通过开放办学使高校教育从精英教育转向大众教育，甚至普及教育。我国高校教育由传统办学转为开放办学，一方面要大力发展远程教育和网络学校，采取"宽进严出"政策，向每一个人提供本、专科水平的高校教育。远程教育和网络学校由于不受时间和空间限制，更加适合各类在职人员的学习需要，必将部分取代传统高校教育的函授、夜校和自学考试的多种助学方式，成为 21 世纪高校教育发展新的生长点。另一方面要充分利用高等学院优势，与企业、社会建立更为密切的关系，把学校办成教学、科研和经济建设的联合体，提高高校教育在市场经济条件下的办学效益和造血功能，使高校教育在自身发展壮大的同时，进一步提高为社会服务的功能。还要有强烈的国际意识，推进和发展高校教育的国际交流与合作，大胆吸收和借鉴世界高校教育的成功经验，使我国的高校教育建立起一个面向社会、放眼世界、兼收并蓄、博采众长的开放体系。

二、拓展德育教学的教学模式

从职业发展理论来讲，高校教育在德育教学上的问题，将影响职场个体的职业发展精神和职业道德素养的培育。但是高校教育对象的特殊性，决定了学生德育教学的艰巨性、复杂性。一般意义上的德育教学很难达到令人满意的效果，高等德育教学也成为高校教育中最为薄弱的环节。因此，创新基于职业发展理论的高校教育教学模式，应当积极拓展高校教育中德育教学这一重要组件。

（一）拓展德育教学的内容结构

现代德育是以社会现代化、人的现代化为基础，以促进人的现代化为中心，进而促进社会的现代化的德育。现代德育必然要反映现代社会中人自身道德发展的要求，反映现代社会发展的要求。因此，在围绕高等德育内容的构成上，应该更具广泛性、现实性。职业道德是衡量一个从业者道德水平高低的重要标尺，它影响和决定人们劳动的态度和方向，成为决定劳动者素质水平的灵魂，在高校教育内容中居于核心地位。另外，高等德育要指导受教育者运用科学先进的价值理念学会判断、学会选择、学会创造。随着科技、经济、社会的发展，人们的生活方式、价值观，包括道德观念、道德准则不断变化，原有的某些道德观念、道德规范有可能过时，不可避免地需要提出一些新的道德准则和规范。例如，在科学道德、信息道德、经济道德、网络道德、生态道德等领域特别需要具体的规范，特别需要道德的创造。因此，这也应该是高等德育教学的重要内容。

（二）拓展德育教学的教学形式

拓展德育教学的教学形式必须充分利用现有教学资源和条件，选取在教学中已经成形的教学方法和模式进行拓展延伸。

第一，应当充分运用课堂教学，开展德育教育。课堂教学是学生学习的主要形式。在课堂德育教学开展过程中，根据高校的特点，在教学计划和教学内容上，都要做特殊要求，教育内容应该根据市场经济的形势，适时调整德育目标。将以往的"完人道德"调整为"高等道德"教育。教育过程中要坚持先进性和普遍性相统一的原则，立足市场经济的实际，提倡"为己利他"的道德建设目标，把"利己不损人"作为道德底线，并且把健全的人格塑造放在德育工作的首位。同时，注重发挥学生的主观能动性，强化课堂师生双向互动，创造轻松、活泼的德育氛围，保证对学生开展有效的德育教育。可以聘请知名专家举办专题报告，作为特殊课堂形式，加强对学生人生观、职业道德、现代教育教学和传统文化的教育。总之，无论课堂内外，德育教育的目标和德育教育的重点应在学生健康人格的塑造上，使学生明了道德建设是人格修养不可或缺的一部分。

第二，利用多媒体教学，强化德育教学效果。传统的授课方式无法满足现代高校教育德育教学的需要。因此，在德育教学过程中，要以鲜活生动的实例来感染学生。通过学生自主的情感判断来塑造道德榜样，唤起对道德善行的崇敬之情，在纷繁复杂的社会现象中找到自己的道德归宿。注重现代教育技术的充分运用以及信息技术与学科资源的整合。充分利用电影、电视、教学录像等信息化、电子化、智能化的多媒体教学手段，借助于这些灵活多样、内涵丰富的声、光、图像等教学形式的直观冲击力，增强学生的兴趣，使学生的认识更加深刻，产生事半功倍的理想教学效果。此外，可以利用网授以及远程教学发挥网络教学的优势，拓展德育教学空间，克服高校教育教学时空上的局限性，整合课堂教学和多媒体教学的优势，充分发挥网络资源在教育教学中的作用；借助网络实施网络教学，可以将专家、学者的精彩专题报告、德育教学录像制作成教学辅导光盘在教学辅导网站上和有条件的教学点进行播放。

这一生动、灵活、便捷的德育教学形式克服了高校教育时空上的制约，发挥了网络便捷、高效、涵盖广、辐射面大的优势，最大限度地拓展了德育教学空间，为广大学生提供了全天候德育教学服务。

（三）拓展德育教学的评价体系

高校学生的德育考核评价具有自身的特殊性。因此，凡是列入教学计划的内容，可以通过知识考试的手段进行考核评价；对于学生的思想观念的考察，可以通过日常管理中的操行鉴定来考核评价；对于学生的行为考核主要由教师出具考核鉴定和进行跟踪问卷调查。另外，为了充分调动广大学生的积极性，鼓励他们在思想上、学习上积极进取，可以建立评优奖励制度，进行精神和物质奖励。对表现较差的学生进行批评教育。通过长期的探索以及多年以来高等教学的实践，制定一系列评判原则和标准，建立以职业发展为基础的高校教育德育教学全方位评价体系。

（四）拓展德育教学的管理网络

高校教育的德育教学是一项复杂的系统工程，必须要动员主办学校、学生家庭等全方位参与，才能实施有效的组织管理。主办学校根据国家的有关规定，结合高校教育的特点，制订德育教学计划，科学、规范、可行的评价考核标准以及考核措施，如班主任配备，班级临时的党、团支部活动安排等，负责德育教学的实施和知识考核。学生家庭承担着对学生的平时监督、检查的作用，负责平时的思想政治教育。各个环节协调一致，才能形成高等德育教学的组织管理网络。

三、确立多元化的教学模式

基于职业发展理论的高校教育教学模式创新，需要以高校教育学生的职业发展需求为导向来设计多元化的教学模式，创造一种超越时空限制的弹性化学习机制。确立多元化的高校教育教学模式，必须体现高校教育特点，以高校教育的生活、需要与问题为中心，突出能力培养与多种教学范式综合运用的教学活动与形式。新的教学模式应强调个体的思维能力和动手能力，而非只学习基础知识，强调解决问题的能力，强调培养学生面对未来的职业生涯和多元的价值取向所应具有的包容能力和理解能力。

在课程建设目标上要更加强调综合能力和建立在个性自由发展基础上的创新能力。在教育建设中注入科学精神和人文精神，以滋养和陶冶学生的性情，帮助其顺利走上职业发展道路，通过对教学对象的细分，可以把多元化的教学模式分为学生为主产生的教学模式、学生为业余产生的教学模式、学生为函授生的教学模式。对于第一种即学生为主产生的教学模式，其教学目标为系统地掌握知识、方法和技能，综合素质全面提高；其教学内容为基础理论+专业理论+专业技能；其教学方法与手段为课堂教学法（主）+试验实践教学法（主）+网络教学法（辅）。对于学生为业余产生的教学模式，其教学目标为较系统地掌握知识要点，具备从事专业岗位的知识结构与知识适用能力；其教学内容为基础理论+专业理论+理论运用；其教学方法与手段为课堂教学法（主）+网络教学法（辅）。对于学生为函授生的教学模式，其教学目标为了解一定的理论知识要点与基本具备进一步的提高能力，基本具备知识要点使用能力；其教学内容为基础理论+专业理论+理论适用；其教学方法与手段为网络教学法（主）+课堂教学法（辅）。

在具体的实践中，确立多元化的教学目标应注意以下两点：

第一，确立多元化的教学模式应突出学生的能力培养。函授生、业余生来源于生产、服务、管理第一线，具有较强的实践工作经验，但理论知识相对较缺乏，因此需要通过专业知识的学习与深化，强化理论知识与实践的结合，培养专业技术知识的综合运用能力，而产生的学习目的是适应市场变化新形势，通过学习找到较满意的工作。因此，高校教育教学模式必须体现以高等需要为中心的"突出能力培养"的目标。

第二，应提倡跨时空的教学形式。高校学生的工学矛盾突出，文化基础差异较大，这为教学组织和教学质量的提高增加了难度。而以网络为基础的教学手段则有效地解决了以上问题，一方面，网络教育不受时空限制，从而为教学生提供了跨时空的学习环境。另一方面，网络教育作为一种教学补充，有利于基础较差者的知识补充。因此，多元教学模式必须具备"虚拟学习环境与学习社区"功能。

第三，确立多元化的教学模式，应转变教育观念，改革和创新教学方法，采用适合高等学生心理特点和社会、技术、生活发展需要的教学方法。

四、引入校企合作的教学模式

就职业发展理论而言，高校教育教学模式必须考虑到学生的职业发展需求是以学习专业理论和专业技能为主。为了找到学习和工作之间的平衡点，并提高学生的实践动手能力，有必要引入校企合作的双元制教学模式，以夯实学生的职业发展道路。

（一）建立校企联动机制

合作的前提是信任和需求，关键是寻求联动的结合点，否则难以形成合力。校、政、企三方都有实施教育的愿望和条件，这就给创建"学校主办、企业和政府协办或督办"的共同办学联动机制铺平了道路，也为实施校、政、企合作人才培养模式扫清了障碍。

对于学校、政府、企业而言，发展是大家关注的焦点。因此，校、政、企联动的逻辑起点应该是发展。学校发展主要体现在人才培养上，政府（社会）、企业发展需要人才，人才就成为双方或多方联动的结合点。要让学校、政府、企业围绕人才培养走到一起，必须建立有效的联动机制，包括管理制度和运行模式。必须建立以现代信息技术为依托的网络交流平台以及信息员联络制度和信息发布制度，畅通对外宣传和信息沟通渠道。

（二）规范校企管理模式

双方或多方合作，必须以合同或协议的形式建立一种有约束力的办学关系，明确双方责任与义务，从而确保合作的有效性和规范性。同时，必须充分尊重高校教育规律和学生特点以及政府、企业的实际需要，建立以主办学校为主、政府和企业参与的教学管理制度，共同商议、决定重大事宜，合理安排各教学环节，确保教学质量，达到规范性与灵活性的完美结合。在办学实践中，我们实行的是项目管理，即由学校高校教育主管部门和企业、政府负责人组成项目管理组，共同研究制订培养计划、管理制度并组织实施。在具体的教学实施过程中，校、政、企各方紧密合作，及时掌握教学情况，有力地保证人才培养质量。

（三）合理设置培养目标与教学计划

高校教育培养适应社会发展需要的德才兼备的高级人才。要实现这个培养目标，关键是要制订一个以较高层次的应用能力为主线的培养方案，构建科学、合理的课程体系，确定学以致用的教学内容以及与学生的职业发展、从业岗位密切相关的实践教学环节。因此，必须彻底改变沿袭普通高校教育的人才培养模式，建立与技能培训相结合的课程体系。在制定教学计划时，让学生和社会各界充分参与到教学计划制订和课程设置中来，使教学计划、教学内容更具针对性和实用性。实践证明，高校教育校、政、企合作人才培养模式是一种多方共赢的人才培养模式，也是高校教育事业可持续发展非常有效的一种模式，随着科技、经济、社会的持续快速发展，它必将拥有一个美好的前景。

校、政、企合作之路还在探索之中，许多深层次问题还需在实践中不断地探索，如合作模型与运行机制问题、学历教育与技能培训关系问题、学生考核与评价问题等。必须在实践中改革创新，拓宽运作思路，主动走出校门，将高等高校教育真正办成面向社会的开放式教育，为社会各界、企事业单位提供更好的教育服务。

五、以学生为教学中心

职业发展理论的核心是职场个体的职业生涯发展，说到底是以人为中心的考虑点。因此，基于职业发展理论的高校教育教学模式的创新也应当坚持以人为中心的价值取向。"大学之道，在明明德，在亲民，在止于至善。""亲民"和"至善"从主客观方面都体现了人本思想。坚持以人为本，树立全面协调可持续发展理念，体现在高校教育教学中主要是坚持以学生为中心，以人的教育为出发点，以人的教育为归属。

这就意味着高校教育的教学评价必须着眼于人的发展，着眼于社会对人的多元化需求，而不能局限于知识的考核。基于职业发展理论的高校教育教学模式，要体现以学生为本的思想，就必须要尊重学生的评教权，尊重学生对教学过程的选择权，缺少这两者，就无法做到以学生为本。高校学生在接受教育时，不需要被动接受一些对他们没有用的知识,而是需要搜索对自己有价值的知识。他们需要的是一种自主选择知识和构建知识的权利。因此,创新基于职业发展理论的高校教育教学模式应当坚持以学生为教学中心的价值取向。

第三章　高校教育教学策略的创新

第一节　高校教育教学课程创新

一、创新课程理念，加强课程的人本性建设

当今时代是充满竞争的时代，核心的竞争是人才的竞争。人才的成长主要靠教育，教育在人类生活中的重要性也越来越被人们所了解。

教育应该把人的发展放在第一位。21世纪，整个社会所需要的人才是智慧型、复合型、创造型的人才，要求培养高素质、高能力、高水平的人才，而不是传统的知识型人才。所以说，智慧比知识更为重要。21世纪的人才应该具有合理的知识结构和充分的智能，具有创新精神和创新能力、事业心、开拓精神和合作精神，具有高尚的人格和优秀的个性品质。21世纪，人的发展是最为重要的，课程理念应该改变，把人（学生和教师）的发展提到核心地位予以认识和宣扬，树立"人本理念""人的发展"代替以前的"学科本位""知识本位"，应强调学习过程中的"态度""价值观""兴趣和经验"以及"实践能力"等。

课程的发展变革应该为教育目的服务。高校课程理念、课程体系价值取向应该以人的发展需要为基础，要建立新的课程体制，统一、单调、固定的课程设置为灵活多样的、既有理论又有实践的课程设置。在课程中，要坚持以人为本，并充分利用多媒体进行形象化教学，要从强调内容向强调过程转变，从强调积累知识向强调发现、重

视创造、发展能力、形成素质转变。以学生的发展为本，培养创新精神和实践能力为课程理念是时代的要求。加强课程的人本性，建设以人为本的课程体系具体可以从以下方面入手：

（一）符合人的认知规律，重视知识的逻辑顺序和层次结构

教育的目的性和计划性首先体现在课程的设置和编排之中。课程设置和编排的基础，是对知识结构的规划和设计。因为，人的发展的各个方面，都是以"知"为起点的，智力、能力、技能、技巧也好，情感、兴趣、态度、动机、意志也好，理想、信念、道德和审美观也好，都离不开"知"，都要从"知"开始。科学的世界观的形成，更离不开知识和经验，离不开一个人对客观世界和人的主观世界的系统认识。课程的设计和编排就是要着眼于形成学生的某种知识结构，以此作为学生全面发展的知识基础。

按照认知心理学家的看法，认知结构是由知识内化而形成的。它不是简单的记忆和接受的结果，是经过了思维的创造性加工改造，并形成了相应的智力技能、操作技能和行为习惯。那么，教材要选取什么材料才能塑造学生的合理的结构呢？奥苏贝尔认为，首先必须找出那些决定学科基本结构的"强有力的观念"，确定学科中特定的组织和解释性原理。用布鲁纳的话说，就是要重视学科的基本结构。

课程设计中之所以要强调学科的基本结构，是由于学科基本结构对于学生的学习具有特殊的心理学意义。

第一，掌握学科的基本结构有利于学生理解学科的内容。在新的学习情境中，通过由一般概念原理到具体内容的演绎性教学模式获取新知识比归纳获取新知识要省时、省力。学生认知结构中一旦有概括水平高于新知识的原有固定观念，新观念和新信息的获取与保持才最有成效。

第二，掌握学科的基本结构有助于学生记忆的保持与检索。人类记忆的主要任务不在于储存而在于检索。只有把一个个材料放进"构造得很好的模式"里，材料才能因得到简化而拥有"再生"的特征，学生一旦掌握了学科的基本概念，就能简化信息，减轻记忆负担，并产生新命题，推演出大量新知识。

第三，掌握学科的基本结构有利于学习的迁移。学科的观念越是基本，几乎归结为定义，则这些观念对新问题的适用性就越广，越有利于后继学习。

确定学科的基本结构，必须考虑学生的学习准备。这一方面是知识的准备，更重要的是认知发展的准备，即由一般认识成熟程度决定的学生从事新的学习和一定范围的智力活动所应具备的认知功能的基本发展水平。

布鲁纳虽然宣称可以将任何事物以适当的方式教给任何年龄阶段的任何人，但他同时也十分重视学习的准备。他认为，如果过早地将不适当的知识结构教给学生，超越了他们认知发展的水平，学生的认知结构就会"闭合"，反而不利于他们今后获得更适当的学科知识结构。因此，课程的选择和编排既要符合教学规律，又要体现大学生的身心发展特征，既按照一定的程序将完整的知识提供给学生以保证教学的系统性和循序性，又按大学生的年龄特征来筛选课程以保证学习的可塑性。学科内容体系是学生学习该门课程的逻辑线索，应以有关学科的体系为基础，处理好课程关系的"四个性"：①理顺课程的承续性（先行或后续课程）；②注意课程内容的过渡性；③重视课程结构的整体性；④实现关键课程的连续性。同时，教学是特殊的认识过程，教学规律必须符合学生的认知规律。古人言"欲速则不达"，课程偏多或偏少、过难或过易、"吃不了"或"吃不饱"，均会影响学生的发展，从而达不到教育的目的。大学生身心发展趋于成熟但尚未成熟，具备了掌握系统科学知识的充分条件，且可塑性强。因此，课程设置的起点要适当，台阶要小，每学期课程门数要安排适当，不宜过多，主要理论课的门数和时间不要过分集中，要给学生自学和独立思考留出足够的时间和空间。

（二）符合人的个性发展规律，设计个性化培养的课程体系

课程设计的实质是设计学生的学习活动，其最终目标是促进学生个性和谐而充分地发展。在学校教育中，学生个性发展的全面性取决于学生学习活动类型的完整性。课程设计要实现其最终目标，就必须遵循功能完备原则，即将人类活动的各种基本类型完整地纳入学生的学习活动体系，以促进学生个性的整体发展。

高校教育的课程设计，既要遵循这一原则，也要和自己的专业教育相适应，如何

将自己的学科、专业范围内的知识结构展现给学生，让学生根据自己的特长爱好选择自己的发展方向，是个性化培养的一个前提。

个性化课程组织强调个别发展，以学生的需要、兴趣和目的来进行课程的组织。它有两个特征：一是以个别学生而不是以内容为其组织的线索；二是不预先计划，而是随教师和学生一起进行教学任务（常常称为"生长"）而演化形成的。这种组织主要有以下三个特征：

第一，课程的结构由学生的兴趣和需要来决定。这意味着是学生自己感觉到需要和兴趣，而不是由设计者来考虑学生需要什么或他们的兴趣应当是什么。

第二，只有当教师和学生一起确定追求的目标，规定查阅的资料、计划实施的活动以及安排评定的程序时，课程组织才会形成。

第三，把重点放在所学习问题的解决过程上。追求兴趣的过程中，碰到某些必须解决的困难和障碍构成真正的、学生渴望接受挑战的问题。

这种课程培养学生的个别差异，强调的是解决问题的活动，我国高校教育的课程改革，曾经有过"产品带教学"的经历，但这种形式绝不是个性化教学的形式。要探索个性化教学的新模式，也不能照搬上述的组织形式，因为它已被国外教育实践证明是失败的，但是这种思想是值得借鉴的，摆在高校教育课程设计者面前的问题是如何利用这一思想来设计出符合学生学习特征的个性化课程，这既是高校教育课程改革中的问题，也是改革的方向、奋斗的目标。

（三）符合人的社会发展特征，有效组织课程

在高校教育过程中，人是高校教育实施的对象。大学生的发展包括身心两方面的发展，它受到遗传和环境两大因素的制约。高校教育作为一种特殊的环境因素，在人的身心发展中起到主导作用。高校教育活动主要就是指培养和发展一个人全部潜能的过程，即把一个人在体力、智力、情绪、道德等各方面的因素综合起来，使他成为一个具有良好素质，在某些方面具备特长，身心得到全面发展的人。高校教育要达到其目的并体现其功能和价值，其活动就必须遵循受教育者——大学生的身心发展特征和德智体美劳等全面发展要求来进行。根据大学生的智力、体力及个性发展的水平和特

点，结合大学生的个性差异，使大学生获得更多、更广的知识的同时，更要全面培养大学生的思维能力和独立地获取知识的能力，培养他们科学的世界观、方法论及崇高的理想和信念，使他们坚持社会主义的正确方向。

课程应该引导学生认识社会。社会如同一面多棱镜，不同的视角有不同的结果，社会的发展是动态的，不同的发展时期有不同的特征。高校教育要引导学生去正确认识、把握这些特征。教育学生懂得科技化知识是远远不够的，社会需要全面发展的人才，如理工科大学生不仅需要科学素养、工程素养，而且还需要人文素养。理工科人才面对具体的工程项目，考虑的不能仅是技术问题，必须考虑到社会多方面的因素，进行价值判断。在做可行性报告时，要考虑到特定的地理人文经济因素。产品设计不仅要经济实用，而且要满足人的审美情趣和心理特征（建筑设计还要考虑到历史文化因素）。理工科学生还应具备社会责任心，能够想到他们所从事的工作对自然、对社会的影响，并由此做出正确的判断。这对课程构成提出了要求，不仅要开设科学课程，而且还要开设工程课程、文化课程。

课程应该引导学生适应社会。社会的发展不以个人意志为转移，课程的变化、发展要与之相适应，课程的设置既要保证各自的学科性，还要有相当的灵活性，如现阶段开设创业教育课。另外，要重视建设适应性课程，适应性课程的特点就是课程本身具有适应变化的能力，采纳以未来为导向的动态的学习材料，取代传统课程中以过去为指向的静态的学习材料。

有学者提出适应性课程体系由配套的四部分组成：数据书、阅读书、核心课本、教师参考书。适应性课程不仅有助于保持课程的相对稳定性，形成学生一定的思想方法，同时其灵活的组织方式和对学生的独立探究过程的强调也有助于随时纳入新的信息与材料，向新思想、新观点开放，从而促使学生在掌握文化发展规律的基础上了解历史，立足现实，适应社会。

课程应该引导学生融入社会。高校课程在加强学生专业基础理论课程教学的同时，必须根据社会发展、科技进步、生产方式变革的动向，或让学生深入社会和生产部门，以丰富社会经验，学习并应用实际知识，或让学生通过自主的科研活动加深与实践的结合。理论与实践的关系在不同的专业会有不同的要求。理、工、农、医各专业要获得实验、实习、计算机应用、绘图和某些必要的工艺及有关现代技术的训练；文科类专业要获得阅读、写作、资料积累、文献检索、调查研究、使用工具书等方面的训练；艺体类专业、师范类专业要加强专业技能的实践训练。因此，从某种意义上说，在大学教育中，理论课程是引导学生向学科纵深发展的基础，实践课程则是引导学生融入社会的敲门砖。

二、创新高校教育课程理论体系的研究与构建

（一）高校教育课程理论研究现状

对我国高校教育课程建设状态的研究，不同的学者有不同的观点。某教授从课程研究的角度叙述了课程研究的历程，将我国高校课程研究划分为四个阶段：第一个阶段是从20世纪50年代中期调整到20世纪60年代中期，基本上是以经验指导教学工作的，此段称为"经验主导阶段"。从1978年到20世纪80年代末，是高校课程和教学理论发展的第二阶段。开始把高校课程与教学作为一个独立的领域进行探索。这一阶段也开始了对教育思想、专业设置、课程编制以及课程与教学评价等前一阶段比较忽视的方面进行了研究。虽然研究成果比较零星，但反映出我国高教界已开始对课程研究领域具有了"自我意识"，可以称之为"理论探索阶段"。从20世纪80年代末到1997年，是我国高校课程与教学领域研究的第三阶段。这一阶段产生出一批比较系统的专著和文献。其中有些专著对这一领域的基本理论和研究范畴进行了总结，并逐步建立起了这一领域的有关理论的系统。可以认为，这一阶段是高校课程研究领域的"理论初建阶段"。1997年以后为第四阶段。其他学者也有不同的分法，但事实依据基本相似。

多年来，对高校课程理论的研究主要表现在三方面：一是专业设置。研究如何进行专业设置，或怎样的专业设置才是健全有效的。有学者认为，按国家建设需要，确定专业的设置，并以专业为基础做有计划的招生。每种专业，各有一套具体的教学计划。各个专业的教学计划中，所列各种课程都是必修，没有一样是选修科目。有学者

总结了专业教育的两种模式及其发展趋势：通才模式和专才模式。通才模式专业设置在第二层（相当于二级学科），甚至在第一层次上，其下一般不再设第三层次的专业，口径较大。培养的人才缺乏职业性和针对性，但有广泛的适应性。专才模式专业主要设在第三层次上，口径较窄，一般都与具体的分支学科、职业和产品对口，培养的是现成专家。二是课程体系问题。无论是专业教学计划的编写，还是教学大纲、课程内容的处理，核心问题都是要研究出合理的结构，课程体系主要集中的问题为基础课程与专业课程的关系以及必修与选修课程的关系。三是课程综合化问题，指出课程综合化的内涵，也指出了课程综合化的成因。

（二）高校教育课程理论体系的研究与构建

在课程界，对课程理论的研究及理论体系的建立是一项长期而艰苦的工作，因为不同的哲学思想会导致不同的课程理论。在课程史上，曾有以泰勒为代表的科学课程理论（也称理性课程理论），以施瓦布为代表的自然主义课程理论和以后现代思想为主导的激进课程理论以及解释学课程理论、审美的课程理论等，但从没有某种理论能有"一统天下"之功效，这种百家争鸣的局面似乎表明课程理论尚未成熟。

在高校教育界，人们关心课程理论的进展，但更关注课程理论对应用研究的作用，即如何用这些已有理论来指导高校教育课程理论或课程体系的建立，脱离纯理论研究的羁绊，一般认为大学课程理论体系是由多个方面的内容组成的。它包括培养目标与规格的变化、课程政策的调整、课程结构的构建、课程建设标准的制定、课程资源的开发与利用、评价体系的建立、教师教育及制度创新等，是一个由课程建设所牵动的整个高校教育的全面建设，是一个系统，需要教育行政部门、科研机构、高校（其中教师是最为关键的因素）等的共同参与和完成。它牵涉高校教育整体和各个局部的关键领域，受到课程内部和外部、宏观与微观等多方面因素的制约，其成功与否取决于诸多因素本身的质量水平及其构成。

课程是为培养目标服务的，课程建设必须服从于培养目标。因此，对培养目标的研究与解释，应该是课程理论建设中不可忽视的问题。但是，由于培养目标一般是由学校（或学科、专业）制定，充满了个性色彩，不宜一概而论，但是对人才的规格问题，在我国高教界则存在共性。中华人民共和国成立后，本科教育主要是以专才为其培养规格。人们现在对过去的专才目标持批评态度，但并未完全否定，只是强调要在通才教育的基础上进行专业教育或通才教育要与专业教育相结合。值得注意的是，自20世纪90年代中期以后，不少高等学校在考虑本科教育培养目标定位问题时，都极力回避使用"通才"或"专才"概念，更多地提介于两者之间的复合型人才概念。

课程政策是指国家教育行政主管部门在一定的社会秩序和教育范围内，为了调整课程权力的不同需要，调控课程运行的目标和方式而制定的行动纲领和准则，它的重点在于解决"由谁决定我们的课程"或者课程权力的分配问题。它的构成要素主要有三个：第一，课程政策目标，它是课程政策三大要素中最重要的要素，反映政策的方向、目的和所要解决的课程问题。第二，课程政策载体（手段和工具），这是三大要素中的主体，有保证实现课程目的的作用。第三，课程政策主体，它是课程政策的制定者和执行者。国家课程政策制定就要考虑课程政策目标是什么，目前的形势是什么，什么样的课程政策才更能促进学生的发展，课程政策载体各有什么。并且随着时代的进步，课程政策也要相应变化。

对课程设置和课程结构方面的理论研究，是课程实践者的期待，也是当前比较薄弱的环节，我国高校教育的课程建设总体结构缺乏科学、合理的理论指导，课程间、学科间缺乏有机融合，课程比例结构有待合理的论证，与课程目标、培养目标的对应不够。当前人们的研究多数集中在应用层面上，而且也发现了一些现象，如重工程科学，轻工程实践。重专业，轻综合，重知识，轻能力，理工科院校都非常注重科学理论的教学，实践教学方面不是很强，重点强调学好专业，不注重培养学生的综合能力。注意了课程内容的专业性，忽视了课程的综合性，注意了课程的科学性，忽视了课程的技术性。但是，这些现象在理论层面上表现出的是什么问题，应该用怎样的理论指导来防止这些问题，这正是当前缺乏的和需要研究的问题。目前，我国课程结构基本上是单一的学科课程，普遍存在着重视学科课程、忽视活动课程，重视必修课程、忽视选修课程，重视分科课程、忽视综合课程的现象，这些现象反映出在课程结构研究上理论的匮乏，这些问题都需要课程理论工作者不断研究，重新构建一个科学、合理的课程体系。

课程建设标准的制定，课程建设的目的是提高课程的质量。一门课程的质量是受教师的教学水平和学术水平、教学环境和条件、教学方法及效果等诸种因素制约的。进行课程建设，就必须对影响课程教学质量的各个环节提出一定的要求，这就是课程建设的标准。课程建设的标准可以从以下几方面加以考虑：

第一，师资队伍。教师是课程教学的组织者与实施者，教师的素质决定课程的教学质量。因此，课程的师资配备从数量上必须达到一定的要求。一门课程应配备两位以上的教师。也就是说，至少有两位教师能讲授该门课程，足够数量的教师可形成梯队，相互促进，有利于开展科学研究、教学改革等。

第二，教学条件。教学文件完备、配套，大纲能明确本课程的性质及其在专业教学计划中的地位和作用，阐明本课程的教学目的、基本内容、教学的重点和难点，说明各章节的联系及本课程与先行课、后继课的衔接，合理安排各个教学环节，反映本学科的新成果，能体现培养目标对本门课程的要求。

第三，教学方面。每门课程应有相应的教学研究组织，具有健全的管理制度，教学档案齐全，对教学研究、学术交流、师资培训等都能做到有计划、有措施、有总结；严格执行教师考核制度；重视本门课程教学质量的检查；注意经常听取学生的意见，不断改进教学工作。

高校课程理论体系建设是一个系统的工程，除了上述方面外，还应包括课程评价、教师教育及制度的创新等，包括广阔的研究范围和多种多样的研究内容。这里仅提出课程理论建设的几个方面和课程理论或实践中的问题，以表明课程理论建设的重要性和必要性。真正的课程理论体系建设工作，应该是一项任重道远的工作，还有待课程工作者今后的不懈努力。

三、重视学科课程开发的研究与实践

尽管学科课程已经有悠久的历史，人们已经积累了成熟的经验，但是随着科技的发展和人们认识的深化，学科课程的设计仍然需要不断改进。在初等教育中，一门课基本代表一个学科，但在高校教育中（专业教育），代表一个学科的课程则是一组课程或者一个课程群。本书所要讨论的，正是学科课程在高校教育课程中的特殊表现。

（一）学科课程应具有开放性，以形成并容纳跨学科课程

面对当前学科知识既高度分化又高度综合，交叉学科不断涌现，社会需求多样变化的新形势，以培养专才为目的，以专、深为特点的旧的大学课程体系已经无法适应新的挑战。新时期的课程体系必须克服以往课程体系的弱点，在课程组合上，一方面要强化基础理论课程，增大学科知识中那些较稳定、持久部分的比重，使这些基础的知识成为学生构建其认知结构的平台，为学生的终身学习和进一步的深入研究打下牢固的理论基础。另一方面，要淡化学科壁垒，有意横向延伸，向边缘学科或跨学科方向发展。如在设置公共基础课、学科基础课和专业基础课的基础之上，多设置一些综合性、边缘性交叉学科甚至跨学科的选修课程，以适应高校教育培养目标多元化以及多元经济时代的多样化要求，帮助学生了解现代科学技术的最新动向，迅速接近科学前沿，造就出适应未来需要的高素质人才。

另外，可以尝试开设跨学科课。跨学科课是为了扩展学生的知识面而设立的跨专业、跨学科的课程。它的出现是与科学的迅速发展和学科的快速分化息息相关的，为适应现代科学技术和社会发展的需要，必须开设边缘学科、交叉学科等跨学科课程，以利于大学生的知识在专业化基础上向综合化方向发展。

（二）学科课程要注重综合性，以利于人的全面发展

在今天这样的社会里，假如一个人的知识面狭窄单一，即便他的学问再深，也难成大器。为了适应社会要求，高校教育已经确立了多元化的培养目标。因此，必须采用设立综合性课程的办法来解除一些专业相互隔离的状况。而这种综合，并不是拼盘式的集合，而是符合教育的基本规律，具有必然逻辑联系的课程设置上的优化组合。这种文理工课程的相互渗透、相互交叉的形式，不仅可以拓宽学生的视野，有效培养其思维能力，促进学生的全面发展，实现自然科学与社会科学、科学教育与人文教育的整合，并促使许多跨学科领域的研究和新学科群的出现。

（三）学科课程设置要具有前瞻性，以利于知识的创新

在科技日新月异的当今时代，高等学校课程的编制必须把握时代的脉搏，预测本学科未来的发展方向，使这些课程中不仅包含前人所积累的知识和经验，还能反映本学科发展的现状和趋势。这就要求必须改变过去统一、刻板的教学计划，建立起动态发展的课程体系，在课程体系中留出一定的空间，充分调动教师和学生的积极性，发挥他们的主观能动性，鼓励他们积极探索、勇于创新，使课程具有知识性和系统性，学科课程要具有国际视野，尝试开设国际化课程并处于动态发展之中。其实，目前世界上的许多国家都特别重视课程内容的更新，都积极地把科技文化的新成就吸纳到高校的课程中，并开设了一些代表未来社会科学发展方向的课程，这充分地显示了当代课程改革的一个重要方向——前瞻性。

（四）课程开设要具有国际视野，尝试开设国际化课程

发达国家的高校教育对此早有觉醒，如美国的哈佛大学和耶鲁大学都声称要造就具有全球意识的人才，而麻省理工学院也声称要培养领导世界潮流的工程人才。所有这些也表明，人们已充分认识到只有突破文化差异的障碍，才能真正地吸收人类文明的优秀成果。

21世纪是信息化社会的世纪，是人才竞争激烈的世纪，高校教育面向世界是由经济日益国际化决定的，国际竞争将是全方位的，其背后是国际教育的竞争，实质是较强应变性和适应性人才的竞争，这一发展趋势也必然对高校教育培养的人才质量提出更高的要求。因此，在高校教育的课程设置中必须具有国际视野和全球意识，体现国际精神。高校应认识到要在世界舞台上占有一席之地，就要开设一些与国际联系密切的课程，如外语、国际关系、国际文化、国际管理、国际科技、国际信息与市场信息，使学生能够通晓国际知识，具有全人类的视野，适应高度科技化的世界。

第二节　高校教育教学评价创新

一、高校教育教学评价理论发展的哲学基础

没有科学的评价，就没有科学的管理；没有科学的评价，就没有科学的决策。这一理论已基本上成为一种社会共识。尽管如此，评价活动仍然受到来自社会的质疑和批判。因此，如何正确地看待评价、科学地开展评价、合理地利用评价，已成为社会各界关注的重要课题。在学习、工作、生活中，任何人或组织都面临着各种选择，即做出决定和决策，而在做出决定和决策之前，需要对其对象进行了解和认识，还要根据自己的价值观念和行为准则对其进行判断和审视，这就是一个评价过程。

我们生活的世界是一个复杂的社会系统，包含众多的评价标准、准则和观念。其中，政策、文化、制度、法律、法规等合在一起形成庞大、复杂的评价标准和评价系统，谁也无法完全脱离这个评价系统而生存。因此，事物的评价都被置于一定的评价系统和网络中接受被评价，并按照评价系统的要求行事，否则就会受到排斥和惩罚。

面对如此丰富和复杂的评价活动，我们应该采取客观的态度，科学认识，合理选择，这样才能做到科学评价。科学的评价活动自产生之日起，发展非常迅速，受到全社会的高度关注和普遍重视，大致经历了从原始评价或本能评价到社会评价或大众评价，再到综合评价或系统评价三个不同阶段。随着评价活动的科学化程度日益提高，相关理论和方法逐步成熟，出现了从定性评价向定量评价以及定性与定量相结合的综合评价模式的转变。

二、多学科视角的评价研究

哲学领域的学者对评价进行了大量的研究,成为评价学的重要理论来源之一。价值、认识与评价问题的研究在西方哲学研究中起步较早、时间较长,形成不同的研究思路和派别。而我国的研究虽然起步较晚,但也产生了丰富的研究成果。心理学视角的研究以英国哲学家艾耶尔等人为代表。他们认为,价值存于评价之中,它是一种心理现象或情感现象,而评价就是情感的流露和表达。因此,他们主要研究评价的情感因素,研究情感判断及其自明性。语言学视角的研究主要是从语言学的角度来分析"伦理句子""价值句子",认为这样就可以把握和揭示价值的本质、评价的本质。这种研究充分关注评价的表达形式。价值论视角的研究把人的活动看作把握价值、创造价值和实现价值过程的各种不同表现,它对认知与评价做出实质性的区分,亦即认知从属于评价,这是一种对评价的非认知意义的研究。研究者们认为,价值与评价紧密相连,价值决定评价,评价揭示价值。没有价值现象就没有评价活动,没有评价活动,价值就无法认识和体现。我们通常所说的价值,都是被意识到、认识到的价值。在评价之前或之外,价值只是作为一种客观的、潜在的形式而存在着。

评价是一种价值认识和价值判断行为,即"价值评价"。评价过程是对评价对象的掌握过程,是一种认识行为。因此,认识与评价密切相关,认识活动(包括事实认识和价值认识)是评价活动的基础。科学评价就是在事实认识和价值认识的基础上对评价对象于评价主体的价值和意义所做的合理判断,即了解、认识、确定和判断评价对象对评价主体有无价值及价值量的大小。

科学评价是准确、全面、系统认识事物的一种有效方法,它是在事实认识和科学认识的基础上对评价对象进行价值判断的活动(即价值评价、评估或评定),本质上是一个价值判断过程,同时它也是一种特殊的认识活动,即价值认识活动。因此,价值理论和认识理论是教学评价的理论基础,是构成评价理论集合体的重要理论来源。

三、教育评价理念

教学评价理念是指评价主体的教育理念在教育活动价值判断中的表现，亦是价值主体对教育评价的认识及在此基础上所确定的价值与行为取向。影响教学的主要理念有以下三种：

（一）终身教育的理念

教育是一种特殊的培养人的社会实践活动，教育实践活动的主体和客体都是具有能动性的人，这是现代教育理论公认的结论。现代人生活的过程就是教育和受教育的过程，学习和教育是贯穿现代人一生的重要特征，这是终身教育思想教育的过程。

对我国而言，终身教育并不是一个全新的观念。我国古代大思想家、教育家孔子主张"学而不厌"的思想已流传千古；日本终身教育理论研究者认为，孔子是东方发现和论述终身教育必要性的先驱者。庄子也述及终身教育的必要性："吾生也有涯，而知也无涯。"这可以说是我国古代最早的关于终身教育思想的萌芽。

从现代知识经济社会发展的要求和个体自身发展的需要来看，每个人都必须终身学习和终身接受教育。终身教育无论是作为一种思想理念还是教育实践，它正在经历从满足个人或社会对教育的转向的应急需要，转变为适应个人或社会对教育价值的多向取向的长远需要；从被动地选择教育转变为自觉地追求教育的发展过程。这是一个长期的过程，也是现代终身教育体系形成并走向成熟的必经之路。

（二）"三全一多"的理念

"三全"是指全过程、全方位、全员性，"一多"是指多样化。全过程是指贯穿于教学的全过程；全方位是指与人才培养有关的所有工作的质量，或者说是指全校的各个系统、各个部门、各个单位的工作都直接或间接地围绕教学这一总目标而工作；全员性是指各个部门、各个单位的全体教职员工都要参与其中。任何一种质量管理最终都要落实到人，要以人为本，调动每一个人的积极性和创造性，并要强化团队精神，加强凝聚力和合作力。学校每一个系统的每一个员工的工作质量都将影响到人才培养的质量,每一个工作岗位都要参与到教育教学质量管理工作中来,把学校制定的人才培养质量目标层层分解,落实到各部门、各环节,直到每个岗位,建立各种规范标准,让全体员工都参与到质量管理的过程中。

(三)"以人为本"的理念

"以人为本"的教育理念作为一种教育哲学观,是高校的教育理念和素质教育观的实质所在,只有从这个根本点上去理解和把握它的精神实质,才能在教育评估工作中更好地体现评估为教育服务的宗旨。马克思主义认为,人首先是一个自然存在物,具有自然属性。但是,人不仅是自然存在物,更重要的是人也是社会存在物,具有社会属性。因此,人的本质是一切社会关系的总和。此外,人还是有意识的,具有精神属性。"大学者,大人之学也。"这里的"大人"指的就是成熟的社会人,能担负重大责任的人;在对学校的重大事项做出决策时,都要以培养人才为中心。因此,教学评价或评估,要贯彻"以人为本"的教育理念,重点放在培养高质量、高素质人才的教学过程和教育成果上。

四、高校教学评价系统的要素理论

按照系统论的观点,系统是由多种要素相互联系、相互作用而形成的有机体。教学评价系统的构成要素主要有"三要素说""四要素说""多要素说"。"三要素说"认为评价系统是由评价者、评价对象和评价手段三个基本要素构成的,教学评价主体一般由政府、学校构成,评价对象主要是教师和学生,评价手段采用评价表进行量化评价。另外,还包括非基本要素,如评价目的、结果等。"四要素说"认为评价系统是由评价主体系统、评价客体系统、评价目标系统和评价参照系统四个子系统构成。无论是"三要素说"还是"四要素说",他们所包含的内容和思想都是基本相似的。

一个完整的教学评价系统应是由评价客体(对象)和评价中介或评价手段(包括评价方法、评价技术、评价工具、评价指标体系、评价模型、评价程序、评价信息、评价法规制度等)多个相互联系、相互作用的要素或子系统组成的社会系统。

高校教学评价主要构成要素一般包括政府、公众、学校、教师、学生、中介机构等，是一个多因素的综合体。从外部视角开展的宏观监控和管理的教学评价主要以政府、公众、中介机构为主体；而内部质量评价则以学校、教师、学生等为主体。高校的教学质量评价工作也主要分为两种类型——对教学主体的评价和学生课堂检测效果的评价。由于高校教育的专业性较强，学科纵横交叉，高校职能综合性等诸多特性，教学评价的复杂程度成为社会活动中最难精确化和量化的部分。高校教学评价产生于高校教育自身发展的需要，是高校对教学工作理性反思的重要手段。

评价内容包括办学效益和效度方面，概括起来包括：①办学条件和办学设备的效用。办学条件、设备是教学活动运行的基础。良好的办学条件、优良的设备是高质量教学生成的前提保障。对条件和效益的评价目的，一方面在于促进学校和管理部门加大教学软硬件投入，提高资源利用率；另一方面，不断改善办学条件和教学设施，充分发挥办学条件的可能性效用、实性效用。②学校教学运行机制的效率。运行机制是高校教育教学实施过程的依托，包括教学管理的机构体系、职能体系、人员体系、制度体系，对教学运行机制进行评价，能提升计划教学，执行计划对于教学改革措施的运作效率，教学管理制度能促进教学发展的效率。③学校人才培养模式的效果。人才培养模式是资源配置的方式、教学条件组合的形式和教学手段运用的总和，是一所高校教育教学思想和观念最为集中、最为典型的表征。评价学校人才培养模式，主要是评价这种模式在实践中实施的效果。④办学传统与特色的效应。办学传统和特色是高校教育教学的灵魂和基石，决定学校办学的品位、层次和特点，是学校的优势所在。学校的办学传统和特色以效应的形态让人们感受和意识，对它评价的同时就是对它效应的评价。

五、教学评价过程的非制度因素

制度是保障活动有序开展的重要手段，而非制度因素对人类一切活动的结果也会产生积极或消极作用。在教学评价活动中，评价参与者的职业道德、思想、意识等非制度因素，也会影响制度执行效果。

（一）在活动初始阶段，由于参与身份的不同，呈现不同的心理需要

1.角色心理

人们在社会活动中由于担负着一定的角色而形成的一种心理。

评价者在教学评价活动中往往以显示其身份、专业知识、品质、爱好和特长来要求评价对象，如果这种要求与评价指标、标准相一致，就能对评价起积极作用；如果超出评价指标的要求，就可能影响评价的客观性。例如，在设计评价方案时，评价者容易从其职业、兴趣、特长出发，表现出不同的价值取向。最明显的是学科专家、教育理论专家往往偏重方案的理论依据和科学性，而实际工作者则倾向于方案的可行性和实践性。

2.心理定式

这是由一定的心理活动所形成的常规、模式化的心理状态。在评价准备工作中，各人往往按各自心理来表达其意见，从而影响评价方案的客观性和创新性。

3.时尚效应

这是指对新颖、时髦事物或观点追求的心理现象。在追求时尚中，顺从社会潮流，接受多数人热衷的思想或观点，影响评价的正确方向。

（二）在评价实施阶段，评价者复杂的心理活动会导致不同的结果取向

1.首因效应

首因效应也称第一印象效应，指的是评价者因对评价对象的最先印象比较强烈，便在其后的评价过程中，总是"先入为主"地左右自己的评价思维，从而影响对评价对象的正确评价。

2.近因效应

近因效应指的是最近获得的信息对认知产生的强烈影响。因为个体对新近获得的信息往往感觉最新鲜、最清晰，其作用往往会冲淡过去获得的印象。这种近期效应会影响对评价对象全面的、正确的评价。

3. 晕轮效应

晕轮效应又称光环效应,它是评价者对评价对象的某些特征产生的强烈或深刻的印象,且会弥散到其他方面,形成"总体印象"。

4. 参照效应

参照效应又称对比效应,它是指评价者对一些评价对象的强烈印象会影响对其他评价对象的判断。

5. 理想效应

理想效应又称求全效应,它是指评价者总是以对评价对象所持有的完美先期印象,来衡量评价对象的现实行为表现。

6. 趋中效应

它是指某些评价者在评价时避免使用极值(最大值、最小值),大多取中间分值或中间等级,如较好、一般等。

(三)在评价结果处理阶段,评价主体的心理倾向会导致结果的偏差

1. 类群效应

评价者和评价对象属于同一类别或同一类群体,如同行、同事、同学等,有较强的相互理解、认知基础,容易产生效应关系。

2. 亲疏效应

亲疏关系会使评价带有较多的情感因素,产生亲疏效应。对亲近者容易看到长处,给予偏高的评价;而对疏远者则容易看到缺点,给予不适当的评价。

3. 从众心理

研究表明,从众心理和从众行为的产生取决于情境因素和个体因素。从众心理也是评价者的一种保护心理。

4. 威望效应

这是评价小组内有威望者的态度对他人观点的形成所产生的显著影响。威望者可能是学术方面的权威,也可能是权力方面的权威。

5.本位心理

这是指评价者坚持本部门（本专业领域）的利益和价值观的心理倾向。评价小组成员来自不同部门，在评优或进行综合评价时，各方代表强调本部门的优势或成果，这种心理影响评价的客观性和公正性，甚至还会影响评价内部的团结和合作。

6.模式效应

这也是一种心理作用，即评价者依据对评价对象既有的印象（经验模式）来进行对评价对象现实教学的价值判断。

六、高校教育教学评价的应用创新实践

从近几年的评估实践看，现行的评估方案对于促进学校的教学工作、提高教育质量发挥了比较好的作用。在充分肯定教学评估取得成绩的同时也要认识到，在我国开展大规模的高校教学评估还是第一次，实践中还存在许许多多的问题。用一个评估方案评估所有的学校确实有针对性不强的问题，有待完善。另外，有的评估指标设计可操作性较差，导致专家在考察评估过程中难于准确把握。总之，根据不同层次和类型的高等学校的特点，制订不同的评估方案，以加强分类指导是当务之急。高校教育评价体系应该建立一套适合这种院校发展的评价机制，鼓励其找到自身发展的位置和方向。

高等学校教学质量主要是指在高等学校教育活动中的人才培养质量。高等学校为了满足社会和个人发展需要，设置教育教学目标并采取一系列措施保证目标的实现。院校教学工作评估属于水平评估，与研究型高校的咨询评估和高职高专院校的合格评估有本质的区别，因此科学合理地设置教学型院校教学质量评价指标体系很重要。从国内外文献中可以梳理出各类高校本科教学质量的诸多关键因素，例如教学理念、办学定位、本科教学水平评估、教学质量内部监控体系、教学与科研的结合、教师发展与教师队伍建设、招生方式和生源质量、学风、课程建设、人才培养模式、学科建设、教育方法改革、教学管理、教学设施和条件、国际化等。这些因素或虚或实，影响作

用有大有小，有的是直接影响，有的是间接影响，需要抓住影响教学型院校教学质量的主要因素，从而设置关键性的评价指标。如果说研究型高校要力争构建探索型的教育，这种探索精神把高校的教学和科研结合起来，使教学应该表现出较强的科学研究的特色，高校要紧紧围绕教学这个核心展开。影响高校的主要因素可以考虑几个方面：办学定位和办学特色、人才培养目标与计划、师资队伍与教学水平、教学条件与利用、专业建设与教学改革、教学管理与服务、学生的学习、教学效果等。

七、评价指标体系构建

第一，办学定位与特色。①学校的办学定位与思路。学校的方向选择、角色定位，是学校制定发展规划、方针政策和拟定各项制度的理论依据，关系到学校在教育系统中的地位与作用。②办学特色。在长期办学过程中积淀而成的、本校特有的、优于其他学校的独特优质风貌。③学校与社会的联系。

第二，人才培养。①培养目标。受教育者所要达到的质量要求和专业规格。②培养计划。人才培养工作总体设计的具体体现，是安排教学内容、组织教学活动及实现人才培养目标的基本依据。

第三，师资队伍。①队伍结构。专任教师结构状态、师生比、硕士与博士学位比例。②师资培养。教学业务培训、技能培训、学术交流、教学质量、主讲教师教学水平、质量评价状况、教师风范。

第四，教学条件与利用。①教学基本设施。校舍、实验室实习基地、图书馆、校园网和运动设施状况。②教学经费。四项经费的增长情况。③条件利用情况。指教学设施和教学经费的利用效率。

第五，专业与课程。①专业建设。学校专业结构与布局、专业教学质量、新办专业情况。②课程建设。教学内容与课程体系建设、教材建设与选用、教学方法与改革手段。③实践教学。实习实训、实践教学内容与体系、综合性设计性实验。

第六，教学管理与质量保障。①管理队伍。结构与素质、管理研究成果与实践效果。②质量控制。规章制度建设和执行情况、各教学环节的质量标准、教学质量监控体系的运行形成与运行情况。③服务状况。教学管理人员对师生的服务能力和水平、校园环境和文化氛围、对学生学习的支持程度、学生遵纪的程度。

第七，教学效果。①学风。守法情况、学风建设情况、学生积极主动学习的状态。②学习能力与素质。学生学习经验积累、自我教育与自我学习水平、团队精神与合作能力、思想品德修养与文化心理素质。③基本理论与基本技能。基本理论知识的水平、基本实践技能水平、创新精神和实践能力。④毕业设计（论文）状况。毕业设计（论文）的质量。

第八，社会声望。①招生与就业情况。招生生源状况与新生素质状况、毕业生当年就业率与就业状况，②社会评价与资助情况。社会对学校办学状态和毕业生质量的评价、社会企业与各界人士对学校事业和困难学生的支持与资助状况。

八、评价的创新与趋势

我国目前是世界上规模第一的高校教育大国，高校教育发展的重点已经从扩大规模转向提高质量。提高人才，特别是创新人才培养水平的要求变得日益迫切。要建设高校教育强国，就必须有较高的入学率、有竞争力的质量和完善的制度体系。今后建高等院校教学评价的趋势有以下特点：

（一）统一性与多样性并重

高校治理的国际新趋势是在扩大高校自主权的同时，强化问责机制，加强对高校的质量与绩效评估。我国教育部今后仍将扎实推进由高校教育评估中心组织的高校教学评估工作。在高校多样化背景下，我国将实施分层与分类评估，在评估中注重高校办学特色。如将高校分为研究型、教学型、高职高专、民办学院四类，或按归属性质和层次分为省属重点高校、普通本科院校、民办学院等。同时，在评估的参与上将形成政府、学校、用人单位、专业团体与社会人士、中介机构等广泛参与，形成高教质量保障的共识。在评估的类型上，综合评估、机构评估与学科专业（专题）评估相结合。在评估的性质上，比较性评估与发展性评估并重，前者侧重于鉴定等级；后者侧重于发现问题，找出差距，改进教学。

（二）校外保障体系与校内保障体系结合

内部质量保障体系是高校教育质量保障体系的主体和基础，外部保障体系是社会监督。内部评估（自我评估）与外部评估相结合，加强问责制是各国高校教育质量保障的共同趋势。高校评估强调外部评估与自我评估相结合，建立了制度化的高校自我评估制度，有明确的要求和指标，如自评报告要公布，强调高校自评要突出办学特色、个性特征。高校内部质量标准包括质量保障的方针与程序；教学计划与授予学位的认可、监督与定期审查；学生的评价；教师的质量保障；学习资源与对学生的教学服务；信息系统；信息公开。外部质量保障方式包括学校的办学资格认证；学院和专业认证；学校、学院、专业的声誉排名；学校内部质量保障体系审计；全国性专项调查（如新生教育调查、毕业生调查等）；专家资格认证、全国质量系统规划与建设等。我国要加强高校自我评估，使其制度化、义务化、指标化、特色化、公开化，进一步增强高校自身质量保障的自觉性。

（三）教育投入、教育过程与教育产出并重

教育投入主要是指教育资源与生源投入。教育过程是人才培养的过程，主要考查教学计划、教学管理、教师管理、教学质量控制制度等方面。教育产出主要考查学生的成长、人才的质量和毕业生的就业与专业表现。目前，在评价高校的教学质量与进行专业评估时，评估指标对教育投入、教育过程和教育产出因素并重。评估从重视硬件到重视软件，开始关注教师"教"的能力，学生的学习过程和收获。

（四）院校的教学质量评价要重点关注的两个方面

1.人才培养质量评价要充分关注教师"教"的能力

教学过程是一个以认识活动为起点，通过掌握他人和前人的间接经验发展能力、直接经验和态度倾向的过程。教学过程是师生双方共同的活动。高等学校的教学活动是一种特殊的认识过程，具有专业性、独立性、创造性、实践性等特点，其成败在很大程度上取决于教师"教"的能力，需要教师根据教学内容和教育对象妥善地选择合

适的教学方法。因此,对高校教师教学评价要着重体现其进行研究性教学、探究式教学、创新实践教学、思想教育等方面"教"的能力。在探索教师教学评价指标体系时,要明确评价内容,如教学评价内容要体现时代要求,体现教师是否激发学生的兴趣,是否调动学生的主动性,是否有助于发展学生的潜能,是否授以研究方法和学习方法。还要重视对教师教学评价的反馈,提高教师"教"的能力,对教师给予直接帮助。为了提高教师教的能力和水平,对教师给予及时的帮助和训练指导是必需的。

例如,某大学的标准化教学评估对教师的教学评估列出十个指标:教师对课程内容满怀热情和兴趣;激发了学生对课程内容的兴趣;达到了课程的规定目标;有问必答;创造了一个开放、公平的学习环境;在课程中鼓励学生进行思考;对概念的表达和解说清楚;作业和考试覆盖了课程的重要方面;学生对教师的总评分;学生对本课程的总评分。对每个指标从 A、A-、B+、B、B-、C+、C、C-、D、F 十个等级进行评价,A 表示卓越,F 表示完全不适当。

2.人才培养质量评价要充分关注学生"学"的能力

目前,学生学习产出评价存在的问题是:仅仅停留在对学生的智育评价,而智育评价往往又限于对学生知识掌握的评价,主要是通过课堂考试进行;评价游离在学习过程之外,没有将其纳入指导学习、规范学习、推动学习的过程之中。因此,在对学生评价时,要注意以下几点:

(1)要重视对学校人才培养目标的评价

学校要制定明确的教育产出的目标,明确培养出何等质量的毕业生,并使学生知道,自己进入了怎样的学校,进了学校可以得到怎样的培养和训练,毕业时可能成为怎样的人才等,使学生懂得在高校学习,不仅要掌握知识,而且要培养良好的道德品质、创造精神与能力、批判思维、全球视野、优质专业训练、终身学习的能力。学生心中有"质量"标准,就会遵照执行并主动积极地参与评价。

(2)要重视对学生学习能力的评价

美国已有越来越多的学校把自己的 NSSE(National Survey of Student Engagement)数据挂上了美国学校排行榜,成为美国国内高校选择的重要参考。NSSE 已成为美国高校教育质量评价新风向标。此调查指标主要包括五类:学习的严格要求程度、主动合作水平、师生互动水平、教育经验的丰富程度和校园环境的支持程度。调查采用学生自我报告行为和观点的方式进行。因此，院校为了提高学生的学习能力，要提供条件，创设支持的环境，让学生在学校教育中、在社会生活中去感受、感悟，增强学生学习的主动性和合作水平，从而获得教育经验和提高自我教育的能力。

（3）要重视学生创新、实践能力的评价

创新、实践不能停留在书面和口头上，也不是仅仅开设几门课程，而应自始至终贯穿于教育教学的全过程。要探索有效的评价方式和方法，使实践创新能力的培养成为广大教师、学生自觉的理念和行为。

第四章 高校教育教学管理的创新

第一节 坚持创新理念

创新是指改变旧制度、旧事务，对旧的生产关系、上层建筑做出局部或者根本性的调整变动。所以创新就是改进不好的，改正错误的、不合理的，最终达到创新的目的。创新需要清晰的价值和目标，即明确创新理念，它关系到创新的出发点和前进方向。高校教育教学是对高等教育的认知、使命、作用等基本问题的认识和看法，是高校教育教学管理实践的总结和概括，具体包括管理理念、学习理念、教育教学、办学理念等方面。

一、统筹理念

我国高等教育作为公共物品和服务的一部分，其物质载体是大学，大学的根本属性是我国事业单位，这种公益属性不会发生改变。党委领导下的校长负责制作为我国大学的领导制度，是一种"党政结合"的领导方式。党委领导作为大学政治权力的集中体现，具有全局性特征，党委在大学内部治理过程中的意见综合和宏观决策作用不可或缺。

统筹作为一个由数学衍生出的系统科学概念，主要强调的是针对一个事物发展或行为执行过程中涵盖的规划、引导、服务和扶持的完整的过程体系。政府统筹就是站在事物全局的角度统筹思考、洞察事物、工作谋划、整合协调和创造性思维、服务全局的能力。不顾此失彼，不因小失大，兼顾和协调全局各方面利益，使整体协调，布局合理，利益得当，人文和谐，思想协同，工作得力。那么政府对高校教育教学的统筹也就可以围绕这一概念展开，即政府统筹规划、统筹引导、统筹服务和统筹扶持。对高校教育教学发展的速度、规模、质量、结构进行宏观管理，促进管、办、评分离，形成政事分开、权责明确、统筹协调、规范有序的管理体制。对学校布局、学科专业设置、学位授予点和继续教育教学发展规划。统筹研究生教育教学、本科教育教学、高等职业教育教学和高等继续教育教学，构建层次分明、类型多样、特色鲜明、充满活力的高校教育教学体系。

推动高校教育教学内涵式发展是基于高校教育教学发展的新的指导方针，是"办好人民满意的教育教学"的坚实基础，是"全面实施素质教育教学，深化教育教学领域综合创新，着力提高教育教学质量，培养学生创新精神"的最好保障，是"立德树人"、培养德智体美劳全面发展的社会主义建设者和接班人的关键举措。所谓内涵式发展，就是以科学发展观为统领，摒弃高校传统追求规模、数量的粗放式发展模式，着眼于效益与质量的创新型发展道路。效益、质量与创新三位一体，其核心是实施内涵发展，重点是学科建设和制度建设，其动力源于深化创新，其保障是和谐校园建设。

第一，统筹引导方面。建立高校学科分类建设体系，实行学术发展分类管理；创新高校人才培养模式，提高高校人才培养质量和深度；加大对高校学术的监督和审查；统筹推进各级各类高等教育教学协调发展；统筹高等教育教学城乡、不同区域间教育教学协调发展。

第二，统筹编制符合要求和国情的高校教育教学办学资质、教师引进、招生质量等多项标准。统筹服务方面：深化高校教育教学综合创新，推动教育教学事业科学发展，必须以"三个满意"为出发点和落脚点，在关心国家命运、服务国家战略上有所作为，让党和国家满意；在勇担社会责任、满足社会对创新高校教育教学不断提高的要求上有所进步，让广大人民群众满意；在坚持以人为本，实现、维护、发展好学校广大师生员工根本利益上有所建树，让广大师生员工满意。引进国际创新教育教学资源，提高中外合作办学水平。

第三，统筹扶持方面。落实扩大高校教育教学办学自主权，完善我国特色现代大学制度；统筹健全以政府财政支持为主、社会捐助资助教育教学经费、有限度自主探索高校教育教学市场化稳定增长的机制；建立地方政府所属高校的教育教学职责评价制度；探索建立政府督导高校机构职责运转的机制。建立功能明确、治理完善、运行高效、监督有力的管理体制和运行机制。

二、参与理念

我国高校教育教学从建国初期的"精英"教育教学走向"大众"教育教学，是随着我国政治、经济、文化和社会环境变化不断适应的发展历程，是我国政治体制创新不断深入的体现，是社会主义市场经济创新深入人心的要求，是社会开放文明的自我需求，是我国文化传承自我提升的动力源泉。

社会参与高校教育教学管理创新的必要性主要有以下几方面：

首先，从高校的系统性和开放性来看，高校教育教学作为一个系统要生存和发展，不可能封闭自我。高校需要汲取自身生存发展所需要的物质资源、人力资源和财务资源，无法忽视与社会普遍联系的客观事实。高校应立足于扩大高校的开放性，融入我国国情的现实社会中，建立社会参与高校管理的机制。

其次，经济和社会生活方式的重大变革使高校教育教学的大众化普及程度不断加大，继续教育教学、职业教育教学等终身学习教育教学制度不断深入人心，极大地刺激了社会参与高校教育教学的意识。

再次，激烈的市场竞争环境下，对人才的需求和竞争成为市场生存的不二法则。市场竞争主体例如企业已经以极大的热情加强与高校的合作，参与到高校教育教学的具体实践中，寻求满足自身需要的合格人才。

最后，高校自主化办学带来的就业压力和经费支出以及后勤社会化等创新也需要得到社会的支持和帮助。

社会参与高校管理的内容主要包括以下几方面：

一是社会参与高校决策。高校管理创新需要吸纳更多智慧和力量，确保高校的决策体制、运行方式、机构设置等内部事宜得到民主、科学的监督、反馈和建议，社会参与的重要性不言而喻。

二是市场权力对高校权力的影响和制约使社会参与高校管理的具体事务越来越深入。高校的专业、课程设置不断重视市场需求，高校毕业生就业市场要求高校教育教学管理贴近社会现实，高校内部事务信息公开，等等。

三是高校的社会服务功能使社会参与高校教学科研等高端领域。高校与企业的合作正是社会参与的表现。我国高校教育教学创新是系统工程，能否在市场经济大潮中接受社会检验是创新成败的关键。我国高校要认清现实发展要求，提高社会服务功能，树立社会服务意识，把社会参与作为自身管理创新的重要内容，实现科技成果转化，提高社会知名度和权威性，满足社会需要的创新目标。高校教育教学的需求多样性、高校教育教学走向社会中心以及高校教育教学经费来源的渠道多元化要求社会参与，这不仅是高校教育教学发展的共同趋势，还是实现高校教育教学内部管理制度完善的重要保证。

三、质量至上理念

高校教育教学创新理念是与时俱进的时代产物，其中质量至上的学习理念是源于首次世界高等教育教学大会的两份重要文件，作为其中的核心理念，联合国教科文组织认为高校教育教学质量是多层面的概念。概念涵盖了两方面内容，一方面是"层次"的问题，指的是高校教育教学质量是多层次的质量的统一体；另一方面是"方面"的问题，指的是高校教育教学质量是多方面的质量的综合体。

高校教育教学的系统类型通常被划分为研究型高校、教学研究型高校、教学型高校和高职高专高校。每个层次的高校所追求的质量标准和人才培养方式以及学习理念都是有差别的，这种差别本来是基于学科、专业、学术自身特点而形成的不同的质量要求。

随着高校社会资源的有限性分配和政府资源集中性支配的模式演变，我国高校分门别类的层次出现了雷同化和趋同化特征，高校教育教学质量的层次差异化被高校自身建设发展所消弭。但社会发展过程中的社会分工和资源专属性越来越明显，对高校教育教学质量层次的需求面被极大地拓宽，高校教育教学质量层次化不明朗造成了高校就业环境恶化。解决高校教育教学质量层次化发展的途径除了政府统筹外，最重要的是高校自身定位。高校历史积淀文化内涵，文化内涵塑造高校人文，高校人文成就高校精神即校训。高校教育教学创新中的按教育教学规律办学就是对高校文化传承和高校人文环境自主办学的认可。高校教育教学多方面质量包括学生的质量、师资水平，还包括图书馆的利用率、学术讲座的质量水平、学校后勤质量服务状况以及学术环境的自由民主氛围等。

这就需要高校树立质量至上的学习理念，从教学目的、师生角色、教学内容、教学模式、教学方法、考试方法、教学观等多方面进行改进。例如提升学生的社会责任层次，注重决策观念和技能培养；以学生为本，重视知识的接受和应用及主观能动性发挥；发挥学生主体学习地位，主动探索学习兴趣和努力方向；加强教学内容的基础性，提高教学内容的深度和广度；发展学生个性，激发学生的发散性思维和创造性思维；激励合理竞争，活化教学方法，注重社会实践；拓宽学科的社会研究对象，关注科学前沿知识，拓展学生眼界，提高学生驾驭知识能力，用知识质的提高应对量的增加。

第二节 把握职能定位

高校是实施高校教育教学的社会组织，主要功能是做学问、传授知识和服务社会。结合我国悠久历史文化传统的特殊需要，我国高校可以归纳为"人才培养、科学研究、服务社会、文化传承与创新"四项基本职能。从四项基本职能中可以归纳为教书育人是目的，科研输出是手段，个性发展是理念，服务行政是模式。

一、突出育人

高校教育教学承担着人才培养、科学研究、服务社会、文化传承与创新四大职能任务。推动高校教育教学内涵式发展首先需要处理好人才培养与科学研究的关系。人才培养是高校教育教学的根本使命，在四大职能中居于核心地位，包括科学研究在内的高校一切工作都要服从和服务于学生的成长成才。人才培养培养的是人才素质，包括人格、知识、能力和体质，即"德智体美"。高校的核心功能是培养全面而自由发展的人才，塑造符合我国发展的合格的社会主义建设人才，这是我国高校现代化建设的社会使命和至上原则。实现核心功能的途径便是知识传授，因此二者归纳为教书育人。"大学之道，在明明德，在亲民，在止于至善。"培养专门人才是高校教育教学的本质特征，突出创新能力培养，进行科学素养和人文素养的融合，造就全面发展的人才。

首先，建立以学生为服务之本的高校教育教学质量评价体系，把高校教育教学的传授重心放在学生身上，从关注学生成长和体验出发，将学生自主学习知识和全方位考察评价授课质量等确定为高校教育教学评估考核的重要内容。培养学生具有开拓精神、竞争能力，具备复合型知识，满足市场经济发展需要。

其次，高校教师有必要参与社会实践，加深自身对社会需要的亲身体验，打破高校教育教学内部自我封闭的认识局限。高校教师学者的社会需求体验和实践一方面可以提高学者解决实际问题的能力，丰富教学素材，将社会急需技能传授于学生；另一方面可以使学者和学生对社会需求的认知更为切合实际，注重学生创新能力观念、终身教育教学观念、基本学习能力观念的培养，以及以学生为本的教学创新。

再次，高校必须研究社会需要的各级各类各层次人才的素质结构和能力，为人才的社会输出提供品德培养、技能培训、智力保障、素质完善，以实现知识价值的社会转化效能，实现科学技术是第一生产力的理论与实践的无缝对接。

二、注重科研

高校教育教学的职能是在社会发展需要的基础上形成的，是社会赋予高校教育教学的任务和职责，是高校教育教学与社会之间关系的集中体现。高校教育教学的科技发展和科技输出职能定位是以 1862 年美国威斯康星大学的办学思想为标志，使高校教育教学的知识向社会输出转变。《国家中长期科学和技术发展规划纲要》（2006—2020 年）明确了科研工作指导方针：自主创新，重点跨越，支撑发展，引领未来。高校作为我国科技创新的生力军，是科研竞争的前沿阵地和国家综合实力展示的重要内容，高校科研输出是确保高校人才培养、社会服务和文化传承职能的重要保证。

高校科研输出的最大化取决于高校科研管理人员的自身素质建设，涵盖知识素质、管理素质、伦理素质和服务素质等，这都需要高校完善的科研培养培训机制为保障，赋予科研管理成果转化享有权，激励科研输出的主动性。科研管理职能在通过社会输出实现科技转化的过程中需要努力实现四个能动即能动策划、能动组织、能动跟踪和能动管理。强化科研课题设计和项目申报策划，强化科技成果转化和报奖的策划意识，强化科研部门跨学科的创新团队组建，强化社会合作企业的技术成果转化平台推广，强化科技推广的跟踪机制，强化基础研究与应用研究的有效融合。高校需要牢固树立人才培养必须以高水平科学研究为支撑的观念，鼓励教师重点开展有利于提高教学质量、推动理论创新、服务经济社会发展的科学研究，并将研究成果及时转化为教学内容。还要正确处理好科研与教学的关系，树立科研为教学服务、科研和教学为社会服务的意识，提高高校的科研实力，提升学校的知名度和学术的名誉度。

三、坚持个性发展

从本质上讲，高校管理是知识和科技的创造性组织，尤其是在我国高校教育教学管理创新的社会环境形势下，高校管理需要开拓进取的创新精神。只有创新精神才能塑造和铸就具有内涵式发展的高校，从而培育出个性发展的个体和团体。

从个体层面来讲，学生乃至学者，需要保持个人的思想独立、学术自由、民主平等。个性既是个体的整体精神面貌，还是个体独有的心理特征，个性发展是个体独特性、创新性和主体性的实现过程。

首先，高校个体培养理想、健全人格。在个体的短期目标、中长期目标和远大理想树立和实现过程中，将个人价值、社会价值融于一体，通过高校文化载体和高校学术载体输入和输出，经过高校个体的努力奋斗和高校平台的支撑，致力于服务国家和社会的目的。培养集体荣誉感、团结合作精神、努力拼搏意识、热爱生活态度、严谨求知志向、无畏探索倾向、全面发展思路等个性心理特征，培养人文素养、社会责任、道德良知、兴趣爱好、体育活动等社会人格要素。

其次，高校个体培养创新意识和创新能力。个性发展是创新精神的基础，创新精神的目的是以人为本，以人为本的核心是个性发展。经过对高校教育教学知识接触、传授、探索和考究，高校个体结合个体兴趣和喜好，通过对知识真理的探求，势必带来创新活力和创新意识及能力的注入，高校个体的事业心、责任感和使命感便在个性的培养过程中自然而然地形成。再次，高校个体拓宽眼界、开阔思域。高校个体借助高校知识平台和高校教育教学交流计划，能够把握世界最先进知识的前沿，了解人类发展困境中的障碍，接受国内外先进思想知识的洗礼，总结归纳个体立志追求的方向，树立个体人生崇高理想的目标。

最后，高校个体活力四射、自我约束。高校个体在身心健康发展的同时，抵御社会思潮的诱惑，完善自我约束，注入时间和精力，运用年轻活力和创新精神，争取个人价值的实现和社会价值的体现。

从学校层面来讲，高校需要树立自身的教育教学特色和人文底蕴。

一是丰富高校自我精神。挖掘高校的历史文化传统，吸收现代高校的办学理念和思想精华，传承高校精神，明晰高校使命。

二是树立高校独特观念。秉承高校校训，加强每届师生的校史教育教学，学习高校学术大师、学术大家的人格魅力和开创精神，尊重师德，传承高校先辈的奉献精神和学术追求，强化本校的责任感、荣誉感。

三是健全高校文化制度。完善高校大学章程，推行制度创新，将高校精神和高校行为文化融入制度设计中，体现到师生行为中，用制度督导高校文化的自我渗透。

四是完善高校标识建设。充分利用高校的校旗、校歌、校徽等文化符号的视觉效果，制定高校标识使用规范，开发设计高校独特的文化产品。例如高校信笺、邮票、台历、纪念品、纪念册、公文样本模板、校务公示样板、高校录取通知书、成绩单和奖励证书等。

五是创新高校文化载体。运用高校事务如校庆、运动会、毕业典礼、新生入学等仪式，弘扬和传播高校独特文化内容。创建高校品牌的学术讲座和高校名家论坛，丰富高校文化内涵建设，通过高校文化载体如图书馆、教学楼、校舍、校内微信、学生社团等，营造高校全面丰富而又个性鲜明的文化氛围。

四、着眼服务行政

"服务行政"一词源于德国行政法学家厄斯特。服务行政是由原来的计划经济向市场经济转变过程中关于行政法的定位和作用的指导理念。有学者认为我国行政现代化的目标取向在于建立市场或亲市场的政府行政，使公共行政国家权力的载体过渡为公众提供服务的实体。

高校"服务行政"是指高校行政权力以高校全体师生员工等高校利益相关者的真实需求为服务风向标，为其提供创新满意服务为首要职能，不断完善服务保障制度和服务体系的管理模式。高校服务行政必须从"以权力和政治为中心"转变为"以大学章程为中心"，从"管制行政"转变为"服务行政"。遵循有限性、法治性、民主性和有效性原则，树立以人为本的理念，重视高校学术权力的诉求，增强服务意识；通过沟通与协调的民主平等对话机制，致力于高校教育教学质量发展，推动高校学生的全面发展，紧密联系高校与其他社会组织的交流与合作；设计符合现实需要的行政服务管理制度，将高校自由发展权力归还于高校权力各主体，最终实现行政权力与学术权力关系的有效融合、行政权力与学术权力的相互信任、行政权力与市场权力走向良性互动。

高校服务行政必须协调学术权力与行政权力的相互关系。

首先，二者的合理性需要兼顾。学术权力的独立行使是高校学术自由、民主管理、公平公正的建校根基；行政权力的管理履行是高校管理效率和运行秩序的基本保障。二者只有实现动态平衡和互助共享才能实现我国高校自主发展的目的。

其次，二者权力边界需要明确。根据大学章程，建立相互分工、互相合作、相互制约的关系。

再次，二者作为高校权力系统的内部构成要件，学术权力作为高校权力的基础，行政权力必须为学术权力服务。

最后，高校的政治权力创造组织体制保障和构架，行政权力是"制度性权力"，学术权力是"权威性权力"，行政权力需要通过制度设计确保学术权力应有的地位和权威，实现政治权力的问责协调定位，达到高校教育教学内部权力运转的畅通。

第三节　健全机构设置

高校作为一个组织存在，组织架构和制度安排必不可少。我国高校创新基于创新理念和职能定位以及对权力结构制衡的思量，在科学合理决策体制之下，需要实施合理的机构设置满足创新的需要。正确的创新理念要求机构设置多元化和民主化；精准的职能定位要求机构设置简约化和扁平化，建立科学合理的横向组织机构；制衡的权力结构要求机构设置制度化、规范化和程序化；科学的决策体制要求机构设置开放化和时代性。

我国高校的机构设置主要包含决策治理机构、行政执行机构、学术自治机构和监督反馈机构四大类。分别是高校政治权力、行政权力、学术权力和市场权力职能行使的载体，是权力运行有效的制度安排，是高校创新理念的现实选择和职能定位的理性判断。

一、决策机构

由于我国高校的政治权力与行政权力被统一为行政权力，政治权和行政权的权力制衡使得决策机构和行政机构必须相互独立。实际上，我国公办高校目前还没有成立专门的决策机构，即大学决策联席委员会。

大学决策联席委员会包括：高校党委、教育教学机构代表、教师代表、学生代表、校友代表和社会知名人士代表等。大学决策联席委员会的组成首先是高校内外构成主体和外部联系紧密者，决策联席委员会的成立和职能行使依据大学章程的具体规定，其常设机构是高校党委办公室，下设三个处：共青团、国有资产处和组织处。

大学决策联席委员会不介入高校具体管理过程，根据大学章程对行政权力的越界行使阻止和学术权力的违章问责以及二者权力冲突的调和。大学决策联席委员会融合了行政权力、学术权力、市场权力和政治权力的代表，进行高校内部自我控制与管理，自我决策、自我审视自身发展过程中的问题和重大事项。

大学决策联席委员会的召开程序和成员构成及决策制定和实施均由高校章程规定，是高校总体决策和方向性、政治性的决策机构。

二、行政机构

高校的行政执行发起人是校长。校长办公会包括校长、行政各处处长，主要针对高校内部事务进行行政执行，召开的频率更高，参与执行的人数更多，执行的效率更高，关注的对象更细，主旨是服务高校、服务师生、提供保障。校长办公会的常设机构是校长办公室，组织、安排和协调校长办公会的召开、高校事宜以及对外事项发布。在大学章程的制度安排下和政治权力的委托代理关系下，成立以校长为首的行政执行机构。下设人事处、财务处、医务处、总务处、就业处、保卫处、外联处等校级层面行政服务保障机构和各学院里设置的院级层面行政服务机构，学院办公室由辅导员、学院行政主任等行政人员构成。

三、学术机构

在大学章程的制度设计和保障下，成立学术委员会、学位委员会和教学委员会三大学术自治机构。分别设有学术工作部、学生工作部和教学工作部，管理高校的图书馆、电教中心、实验室和出版社，涵盖高校学生的招生、录取、选课、学术活动、学生活动、学习安排等等。高校各学院也分别成立以上学术工作部、学生工作部和教学工作部的下属机构，自主管理高校师生的学习、活动、学术、科研和对外交流。高校各学院院长是学术型人才和管理才能的代表，是学术权力的代表，不依附于行政权力而自主实施管理，以三会的内部宽松的学术氛围和松散的组织形式来满足本院学生对德智体美等各种技能的学习需求。

四、监督机构

在大学章程的制度设计和权力制衡体系中，成立校友会、校企联合会、工会、纪律检查委员会和审计监察处等监督反馈机构。监督反馈不受行政权力和学术权力的影响和制约，有向高校政治权力，即高校决策联席委员会提请重大事项审核和问责的权利义务。监督反馈机构既要监督反馈行政执行机构的机构设置和职责行使，也要监督反馈学术自治机构的机构设置和职能监督，配合高校决策治理机构做好高校自主发展的协同作用。

第四节　保障运行机制

高校是一个系统，由高校内部、高校领导人和高校外部三个部分组成。高校外部是高校实现高校善治的外部环境；高校内部是高校善治的结果；高校领导人是连接高校内部善治与高校外部参与反馈的桥梁，校长产生机制又受到高校外部和高校善治结果的影响。

高校内部运行机制，体现决策、执行、监督的组织结构：大学决策联席委员会、校长、学术委员会。

①大学决策联席委员会：利益相关者组成，决定大学的战略与发展。

②校长：战略执行人，行政首脑。

③学术委员会：战略和运行结果的监督者。

这三者通过政治权力、行政权力和市场权力相互影响制约，相辅相成，合作共存。高校外部运行机制，主要指大学外部资源的获取机制，例如大学党委、学术委员会、学位委员会。主要资源包括资金、资源和人才。获取方式既可以是通过市场竞争，也可以通过行政分配。所以，高校外部运行主要涉及的是大学与政府、社会的关系；评价标准是大学能否机会均等获得外部资源，特别是政府公共资源。高校外部运行机制合理与稳定要依靠法律和法规，即通过法治来实现。具体来讲，运行方式的高效有赖于科学决策体制的建立、和谐外部关系的营造和有序内部关系的理顺。

一、优化机制设计

决策体制是决定运行机制是否高效的前提和基础，优化机制高效运行的顶层设计，就是要探索大学决策体制的范围、决策内容以及决策实施等活动，决策体制要服务高校办学定位和大学精神，决策内容要针对大学办学自主权和办学风格等宏观层面，决策实施要配合管理制度和大学章程的具体规定，决策机制要结合高校内部权力运行机制而布置安排。其中学校办学模式和办学水平的确立是决策的核心与前提。

行政化高校管理模式下，大学决策体制是高校政治权力与行政权力统一成高校党委领导下的校长负责制，完全听命于所属政府机构，不论是学校创办、校长任命、高校经费来源乃至高校教学科研等具体决策内容。同时，高校内部决策系统主导高校发展，也是基于科层制的管理模式，实行"校—院—系—室"四层管理，部门负责人实施行政长官负责制，隶属关系明显，实施行政权力运行的组织结构。政府主导的高校决策体制，高校内部运行来自政治权力意志表示，高校内部评价标准和依据也是政治权力价值标准和权力价值依据的再现。

我国高校教育教学创新正是基于创新行政化高校管理决策体制和建立现代大学制度的出发点进行，"探索建立符合学校特点的管理制度和配套政策，逐步取消实际存在的行政级别和行政管理模式"。为了解决党委领导下的校长负责制决策体制带来的政治权力和行政权力泛化，规范权力运行，推行专家治学，鼓励决策参与，需要重构高校内部决策体制。

首先，完善高校党委领导下的校长负责制，深高校决策联席委员会和校长负责制两个决策体制。高校党委和校长的民主集中制决策体制可以深化为高校决策联席委员会和校长负责制两个决策体制以避免政治权力和行政权力的混淆和结合。高校党委作为学校政治权力的核心，其权力来源于国家，在高校中处于统治地位。我国高校党委肩负重任，总揽全局，协调各方，统一领导，主要是把握正确的高校办学思路，确定高校办学目标，明确高校办学任务，体现出我国高校的四大职能，实现高校的内涵式发展。高校决策联席委员会是以高校党委为主导，由高校内部各团体和部门的党员构成，职责很明确：遵守大学章程，把握高校方向，抓好大事，做好协调沟通。该委员会不设实体机构，仅设高校党委作为实体组织，负责委员会的召开、组织、成员资格审核、会议发布等具体工作，为高校决策联席委员会服务。不参与、不干涉、不过问高校内部管理，只负责行政权力越权纠正（大学章程）、学术权力与行政权力调和、政治权力问责权行使。我国高校校长作为高校的法定代表人，在高校章程的明确界定下，积极行使行政职权，全面负责高校的内部管理和组织建设。

其次，提升学术权力，体现大学精神。我国高校决策体制的健全与否最重要的课题是培育学术权力的权力地位，成为行政权力的平等制衡权力。学术权力的主体是学者，按照大学章程，保护学者个体学术权力的学术自由，使学者成为自身学术工作的主导者和发起者，不依赖于行政指导，靠市场权力奠定自身学术权威。根据高校章程，建立自我评价和选拔机制，实施扁平化、非集权、松散的自主管理模式，通过学术机构（三会），即学术委员会、学位委员会和教学委员会来主导和行使高校学术权威，实现学术自由。

再次，推动制度创新，树立大学章程崇高地位。民主和法治是时代进步的标志，更是大学发展的基础，建立现代大学制度就是要保证大学的学术自由，营造兼容并蓄、和而不同的学术环境和氛围。大学章程是高校的最高法则标准和权力界定规范，是现代大学制度的最重要载体，也是高校政治权力、行政权力和学术权力的关系和纽带，涵盖信息公开制度、质询制度、人事罢免制度、问责制度、激励制度。针对高校校长负责制下的决策体制，需要遵守依法治校、民主管理，这是社会主义政治文明在大学的集中体现。具体表现为以下方面：

第一，行政决策主体参与多元化。广泛鼓励高校师生参与学校的发展和建设，使决策科学化、规范化和专业化。扩大高校教师的权利，教师拥有自主治学权和参与决策权等相关权利；要提升学生在高校内部管理中的地位。学生是大学决策的利益相关者，学生应该而且有能力参与决策；适当削弱行政人员的权力。充分吸收校外各界人士参与高校决策，实现大学管理民主化和治理多元化。

第二，决策过程参与民主化。推行校务公开，既要公开决策过程，还要公开决策结果。根据大学章程管理办法对凡涉及师生员工切身利益、需要师生知晓以及高校管理规章制度等事项，均应通过高校的网页、校报、公示栏、微信等媒体媒介及时准确公开。

第三，决策反馈沟通协调。建立决策事前意见征集、决策流程沟通、决策意见诉求归集、决策结果反馈改进等机制。保持信息流沟通顺畅和回应解答及时。

二、营造机制外部环境

机制高效运行环境的构建主要着眼于两个关系的处理，一是与政府的关系，二是与社会的关系。和谐外部关系的营造一方面要弱化政府与高校的关系。

其一，从高校的本质属性来看，政府与高校的监管与被监管的角色定位需要重新审视。高校是国家教育教学发展的重要组织，基于高校教育教学事业的公益属性，政府作为国家的管理机构必须对高校进行监管活动。政府监管权与高校自主权是我国高校教育教学管理中的一对矛盾体,过多监管势必扼杀高校自主权,过分放权也将难以保证高校发展的正确走向。为了实现政府监管权与高校自主权之间的适度平衡和职责定位,需要弱化政府在高校发展过程中的直接监管权力,转换成契约形式的制衡监管较为合理。

现代政府理念主张有限政府、法治政府和服务型政府,目前我国正处于事业单位创新的攻坚阶段,我国高校按照《中共中央、国务院关于分类推进事业单位创新的指导意见》中的事业单位类别划分,承担高校教育教学等公益服务,划入公益二类。这就意味着高校的公益属性和市场属性需要被同等重视,要发挥市场配置资源在高校教育教学发展中的作用。在市场经济条件下,我国高校不可能脱离市场而存在,高校中的市场因素已经开始显现,例如,教授聘用的价位已经远远超过政府对高校教授事业单位编制工资的限制。

同时,高校也不能被市场掌控,不能完全推向市场,不能失去培养高素质人才的公益目的性。为了保证高校发展不脱离社会主义的方针政策,最终实现国家人才培养计划的国家利益,政府对高校的监管是必要监管。必要监管即由政府直接管理转为间接管理,由微观管理转为宏观调控管理,由严格从属地位管理转为平等契约制衡管理。政府通过明确的权利义务内容来监督约束高校,就可以达到政府与高校的适度平衡。

其二,从高校的发展历程来看,政府与高校的教育教学行政管理模式需要变革。我国高校教育教学管理自新中国成立就沿袭苏联的高度集权的管理模式,同时政府作为高校的出资者和举办者,政府管控沿用计划经济体制传统,加之我国数千年的官本位思想的传承,我国高校行政化是一个不争的事实。我国高校在整个构成和运行方面与行政机关的体制构成和运行模式有着基本相同的属性。我国高校接受政府行政管理的统一模式、统一标准和统一步调,自上而下进行建设和发展,形成了高校办学自主权的本末倒置。高校内部行政人员成为学校运行的核心,教学科研人员丧失了对学校的支配权,导致高校主体出现混乱。

为了确立高校学术权力本位,实现高校行政权、学术权和民主管理权相互制衡和监督,改变高校作为政府附属机构的历史地位,需要转变教育教学行政管理职能。政府不能使其行政权力触及高校的内部管理事务中,政府需要充分尊重高校的独立主体地位。政府只需要在高校自主权的约束方面进行教育教学目标、教育教学质量、人才培养、教育教学经费等方面进行详细约定。允许高校自主制订教育教学计划、自主开展科学研究、自主确定内部机构设置和人员、自主管理和使用财产。政府对高校的管理主要职能是制定高校教育教学发展规划、进行宏观调控、提出指导建议等，不干涉高校内部事务，从而形成合作关系。

有的学者认为市场经济环境下国家对高校教育教学的干预和调控活动是市场调节机制的一个必要补充手段，其目的是完善高校教育教学的管理体制和运行机制，其性质属于宏观性的第二次调节。营造和谐外部关系的另一方面是要密切高校与社会的关系。

高校作为知识组织，其职能在于通过教学传承知识，通过科研创新知识，通过社会服务应用知识。传承知识、创新知识、应用知识都是服务于学生和社会。塑造学生人性、完善学生人格、培养学生技能从而为社会发展提供智力支持保障是大学的崇高使命。

高校的外部运行机制包括政府、家长、社区、教育教学机构和就业市场等多因素对高校发展和决策的资源交换和流通，在独立政府作为高校产权代理者的身份属性前提下，弱化政府与高校的关系，高校通过何种方式和办法加强其他社会资源的获得和输出成为高校发展的集中指向。

高校与社会的关系在不同的社会发展过程中呈现不同的表征，从农业时代的社会体系之外到工业时代的社会体系边缘再到知识经济时代的社会中心，高校与社会互动发展、渗透结合、共赢共存是源于二者的交集。

高校的科技创新和人才优势能够形成产业化和信息化，这恰恰满足了社会自身需求，在社会区域经济发展、产业科技进步和谋求发展的基础上产生互动。互动的内涵包括合作项目、教育教学基地、继续教育教学工程、工程研究中心、远程教育教学、科技园、绩效技术和管理理念等多方面。高校教育教学不断适应社会发展的要求是二者互动的动力基础，合作共建联合机构是二者互动的运行保证，通过政治、经济和法律手段进行调控落实。

现代社会与高校的关系概括为社会需要和资源输送来满足高校内部发展，高校秉持开放、自由、民主的精神充当社会前进的精神导师。但是高校与社会的密切联系是建立在高校独立自主办学的前提下，即高校是为社会服务的教学科研中心，不是社会中企业的一分子，高校办学自主权、财政自主权是基于政府投入和问责调控，不会用市场规律来主导高校发展。高校对国家和社会的文化和精神等无形资产以及基础知识研发和社会公共利益至上的教学理念是大学必须坚守的阵地。与此同时，社会对大学的认同和资源投入是有条件的，要求更多的社会参与和决策反馈。

高校与社会的这种"若即若离"的良性互动关系可以表述为："若离"是思想、理智活动的独立和对高校外部运行机制保持相对独立；"若即"是高校与社会密切联系，互融互洽。高校与社会的良性互动主要表现为，一方面，社会是高校的外部环境和基础，高校以社会为存在前提，汲取社会文化和社会资源完善自身；高校的人才培养和科技输出对象是社会，以满足社会需要和人类发展为社会价值追求。另一方面，高校作为社会的中心力量，指导社会体系的健全和完善，同时接受社会体系的适度介入和环境影响。

我国高校教育教学管理创新中的运行方式需要接纳高校与社会的"若即若离"的良性互动关系。高校毕业生要在生源市场、教师市场和院校市场中保持竞争力，高校必然要提高学术质量，采用最有效的学术管理办法，否则就会面临生存的危机。考虑到学术知识的复杂性和动态变化性，我们认为在竞争性的学术市场中专业的自我管制仍可能是最有效的保证学术标准的方式。同时，社会融合到高校教育教学的知情选择权、参与权，能够从多层面和多角度参加高校决策和高校管理的具体工作，完成平等地位的参与权，使个人和社会利益与高校团体利益形成利益共同体，促进高校与社会的和谐发展，形成开放、负责、宽容和平衡的互动状态。

三、建构机制内部设计

高校教育教学管理创新运行方式中的关系理顺中，内部关系是创新成功的重要保证。高校管理根本上是以学术为中心的管理，其目的是促进学术的发展。学术管理的基础是学术思想的自由和探索的自由，发挥学术权力的主导作用，贯彻学术自由、民主管理的原则，在大学内部营造民主的宽松的学术氛围，为科学创造提供良好的学术环境。理顺大学内部关系主要是协调行政权力和学术权力的关系，落实高校办学自主权，遵照大学章程，依赖高校内部合理的机构设置，实现高校善治。本质上来讲，理顺高校内部关系是多中心化治理过程。

首先，健全和完善大学章程。大学章程是高校内部权力运行的法制基础，是大学内部权益相关者制度化规范文件，是大学管理运行纲领性指导。大学章程必须对高校内部政治权力的问责权的行使、行政权力行使管理权的界定、学术权力行使专业权和市场权力行使参与权等相关制度性规定落实，为高校管理创新提供法律依据。

其次，优化高校内部决策权力结构，确保学术权力在学术管理中的主导作用。明确三会（学术委员会、学位委员会和教学委员会）的具体职责，行使学术范围内的决策、管理、监督、实施和咨询职能，加强三会组织建设、人才建设、制度设计，依据大学章程坚守学术道义、大学精神以及校训。建立质量为上的学术评价制度，建立公开、透明、公正、严格的聘任、晋升、科研激励制度，让学术管理回归学术本位。凸显严谨求实的学术态度和风气，确保学术评价活动的独立自主评议。

再次，完善大学校长负责制，提高行政管理水平。依据大学章程，完善规范大学校长行政权力的行使范围和权限，使其专注于服务学术、服务学生和服务学校的目的。大学校长具有教育教学管理能力和现代管理能力，行使对大学行政事务的全权处理，接纳吸收市场权力的决策参与咨询、意见反馈，公平处理校务与学术的从属与主体定位纠纷，尊重学术、尊重教授、重视人文建设。促进高校内部组织机构设置扁平化，提升行政管理人员的服务意识和业务技能水平。完善高校人事制度、后勤管理制度、财务管理制度、信息管理制度等行政管理具体制度。

第五章　高校教育教学实践的创新

第一节　高校教育教学实践创新之 VR 课堂

一、高校 VR 课堂的教学实践

VR 技术在高校教育教学中的应用途径多种多样，主要应用于日常性的课堂教学、多样的实验教学课程以及数字图书馆的建设等方面。VR 技术的广泛应用，极大地提升了学生的学习兴趣，完善了教学环境。VR 技术已成为高校高效率开展工作的重要组成部分。

（一）高校 VR 课堂教学的应用

VR 技术在高校基础教学中的应用主要集中在两个方面：基础的课堂教学和实验教学。

（1）VR 技术在课堂教学中的应用

课堂教学是高校教育教学的主要方式，也是最基础的方式。当下多媒体教学已经普及，但是这种以二维图像为主的多媒体方式更能吸引学生的注意力，激发学生的热情。VR 技术能够将现实世界进行多维的信息化呈现，将其应用到课堂教学中，可以丰富教学内容，同时这种新颖的技术可以吸引学生的注意力，提高学习的积极性。比如，在学习建筑结构相关知识的时候，VR 技术就可以发挥自身优势，构建一个多维立体的建筑模型,教师可以根据教学需求,将虚拟的模型通过计算机进行改变,学生可以有身临其境之感,加深学生对知识的认知与理解。VR 技术可以将枯燥的课堂变成生动有趣的课堂,提高课堂的教学效率。

第一,课堂教学的技能训练。技能训练一般需要对简单的工作进行反复练习,以达到熟练的程度。根据 VR 技术的特点,其具有显著的交互性与沉浸性,因此将其融入技能训练,将有利于学生专注地置身于虚拟环境模拟出的训练场景中,通过与虚拟场景交互来实现技能训练。如在医学领域中,学生可以通过虚拟交互系统模拟出的手术场景,操作完成一台手术,期间可以虚拟出手术过程中的任何一种细节,学生通过这种实践教学,不但能够进行反复练习,而且真实模拟了现实情况,同时又不存在风险。

第二,课堂教学的探索学习。VR 技术与传统实践教学工具不同,它不存在材料的消耗和维护,可以在课后向学生开放,促进学生自主实践的兴趣,在实践过程中不断提出自己的条件假设,并对此进行模拟验证,从而培养学生利用虚拟交互系统的实践探索能力,促进学术进步。比如,对于电子与电气相关学科,学生可以在不购买和不消耗任何电子器件的基础上,在虚拟实验环境下搭建自己设计的电路,并进行可行性分析;对于环境领域的学生,只需要在虚拟实验环境中搭建出温室效应的模型,便可以完成温室效应的影响因素分析。总之,基于 VR 的交互系统与高校实践教学相结合,能够提高学生对于学科领域的学术探索精神。

(2) VR 技术在实验教学中的应用

VR 技术在实验教学中的应用,可以发挥 VR 技术的交互性特点,实时为学生提供有效的实验数据,指明实验操作步骤,解决学生在实验中的困惑。教师在这一教学过程中,可以通过 VR 技术实现对学生的针对性指导,提高实验教学的效率。学生在虚拟教学环境下,可以通过实验数据资料的指引完成实验操作,提升自身的实验水平。

高校实验教学作为教学与生产、社会实践紧密结合的环节,既是 VR 技术的潜在重要使用者,同时也是 VR 内容的重要提供者,并可能成为 VR 技术研发的重要引领者。因此,高校实验教学应对 VR 技术发展的策略应当是:根据自身发展实际情况,积极、主动适应新技术革命的变化,以开放适应、引领的态度和行动去面对 VR

技术对教学的影响。

第一，厚植基础，继续推动高校开展实验教学领域的虚拟仿真项目教学改革。我国已经建设了上百个国家级虚拟仿真实验教学中心，覆盖了大多数部属高校和一大批地方所属高校以及军队院校。省级教育行政部门也开展了省级虚拟仿真实验教学中心建设工作。在现有基础上，高校应继续根据自身的教学实际需求，按照问题导向和目标导向的原则，创造性地开展虚拟仿真实验项目建设。

第二，优势共享，以搭建在线开放虚拟仿真实验项目平台为契机助推优质资源共享。在线开放虚拟仿真实验平台建设，就目前来看，在全球范围内还没有类似的集成式平台，属于集成创新的范畴，也属于中国特色高校教育管理的优势领域；平台建设要注重顶层设计，秉持成熟一批、推出一批，确保推出的实验项目已经在学校、区域或行业内试点，并获得基本认可；坚持符合专业实践教学发展方向，对于不能很好反映教育教学规律、不能体现专业教学需求、不能适应时代发展的实验项目，不进行平台支持；坚持创新驱动，鼓励与行业、企业合作共建共享，推动教学形式创新、技术创新、组织模式创新等各项创新；坚持互利共赢，确保集成平台与分布站点之间保持平等互利关系，确保实验效果和网络通畅。注重科学分类，体现平台为学生服务、为高校服务的目标。可以考虑按照专业类型进行分类，如工、农、医等，也可以细化到专业类；可以按照区域进行分类，如华北、东北等，也可以细化到省份，甚至到达市级层面；可以按照技术类型进行分类，如虚拟类、仿真类、增强现实类、增强虚拟类，也可以按照实现技术，如软件类、硬件类等进行分类；可以按照实验类型进行分类，如演示性、验证性、综合性、设计性等。总之，分类的目标是实现多维度的快速检索，提供更为便捷的服务。要注重规范建设，为实验项目可持续发展奠定基础。在平台建设初期，要注重对外展现和使用的统一化，进一步要注意虚拟仿真技术的接口统一化，逐步实现虚拟仿真实验开发标准的统一。

第三，主动介入，以高校实验项目的使用为需求引导中国虚拟现实产业发展的方向。根据以往的历史经验，信息技术对教育的投入，往往可以带动其他行业实现十倍以上的营业收入。VR产业在我国的发展，高等学校实验教学领域可以从供给和需求两侧综合发力，实现高校教育与VR产业发展的深度融合，体现高校人才培养、科学研究和社会服务的综合功能。

从供给侧看，高校实验教学基于已有的虚拟仿真实验项目研究，可以为 VR 技术的发展提供技术支撑；同时，作为现代信息技术人才培养的主要基地，高校实验教学承担着培养 VR 技术研发人员的重任，可以为产业发展提供人才保障；最后，高校实验教学领域是虚拟仿真教学内容的重要提供方，也是解决 VR 产业应用内容初步设计和研发的主要承担者，通过将教学内容在更大范围的推广与应用，促进"VR+"相关产业的发展。

从需求侧看，高校实验教学是"VR+教育"的具体使用方。需求决定供给，有效的需求将引导供给的方向。因此，高校实验教学改革要关注 VR 技术的发展，注重 VR 技术与人才培养的深度融合，注重理顺生产实践和社会发展的虚拟实践与真实实践的关系。

从长远发展来看，VR 技术的兴起、发展，将会对未来高校教育的教育教学形态产生越来越重要的影响，高校实验教学研究和改革人员要从提高人才培养质量角度出发，对 VR 技术可能产生的技术革命保持高度关注，并积极介入其中，推动和引领整个高校教育教学与现代信息技术的深入融合。

（3）VR 技术在高校实训教学中的推广

第一，前期投入成本。尽管近几年 VR 技术得到了迅速的发展，但 VR 设备及其软件开发的成本还是比较高的。如果高校在实训教学中引进 VR 技术，需要的设备数量不是一个小数目，引进初期仅在设备购置这一项的投入资金就是相当大的。

第二，场景的建模。VR 设备的使用需要虚拟场景的支撑，而虚拟场景的开发离不开虚拟现实建模，所以在实训教学中，如何根据实训教学的需要建立合适的模型成为该项技术应用的重要前提。面对不同的学校、不同的专业、不同的教学目的，实训的种类繁多，根据不同的实训内容构建不同的 VR 实训模型。

第三，统一标准，共享平台。VR 场景的开发是一项复杂的工作，如果每一个高校都根据自己的要求来开发 VR 相关的实训教学内容或系统，从全国范围来看，就会造成资源的浪费。可以由政府牵头规范，制定一个统一的 VR 教学开发的标准，全国范围内的高校可以合作共同开发，并构建共享平台，这样不仅能节约教学资源，而且能节省开发时间。

第四，VR 技术应用在实训中的教学设计。VR 技术的革新日新月异，在教学实践中引入虚拟现实技术，能够让学生及时了解和掌握这些技术，能够更好地理论联系实际，并做到与时俱进。

以物流仓储实践教学为例，具体教学课程设计如下：①实训前的理论教学。在进行实践教学之前，需要先让学生了解物流仓储系统，仓储是一个系统工程，大致分为入库、盘点、分拣、包装、出库等。先把学生分为几个组，分别对应这几个作业流程。让每个组的学生都认识一下各个流程，为实训打下理论基础。②虚拟现实教学。利用 VR 技术，展示某仓库的布局及其设施，通过预先的设计，学生可以通过触摸按钮，对某一设备进行更具体的观察和认识，并进行比较。每一个设备都会配有对应的说明以及注意事项，从而让学生对仓储有个大致的直观认识。③安全教育。虽说是虚拟现实环境，但也要按现实生活中可能遇到的非安全因素，对学生进行相关的安全教育，利用 VR 技术先让学生身临其境地观看易出现状况的环节和出现状况后正确的应急处理方式。这样才能在学生遇到实际情况时，知道该如何处置。④实操训练。按之前分好的组别，模拟某电商仓库的日常运营（训练主题不仅限于此），在进行模拟实训过程中，对学生出现的违规操作以及不安全的操作，可以在操作的界面引入警报系统。当出现这些操作时，界面就会出现红色闪烁报警，提醒学生出现错误，并会扣掉相应的分数，同时也会设有加分环节，来表扬那些操作得当和娴熟的学生。⑤实训总结。最后在模拟实训结束后，系统会根据每位学生在实训过程中的表现，进行评比打分，并打印出实训成绩单，包括最终的分数和扣分的原因。实训结束后，学生要根据成绩单和实践训练写实训报告，交给指导老师，老师给予指导建议。

（二）VR 技术在高校数字图书馆中的应用

图书馆是高校学生重要的综合性学习场所，图书馆的数字化建设是符合现代化知识教学要求的。高校数字图书馆信息技术的引入，便利了学生的借阅，在一定程度上改善了学生缺乏阅读兴趣的问题，但是初步的信息化并未将图书馆在高校教育教学中的主体地位凸显出来。VR 技术在高校图书馆的应用，则可以有效地提升学生在图书馆学习知识的意识。VR 技术可以将图书馆资源全面、立体、真实地呈现，可以为学生提供丰富全面的参考资料，提高学生学习的主动性。

二、AR/VR 技术对高校教育教学模式改革创新

（一）AR/VR 技术对高校教育教学模式改革创新的影响

AR 通过计算机技术将模拟的信息叠加到真实世界，真实的环境和虚拟的物体实时融合到同一个画面中。

AR 允许用户看到真实世界以及融合于真实世界之中的虚拟对象，因此增强现实是"增强"了现实中的体验，而不是"替代"现实。

AR/VR 对于促进教育发展、增强学生的注意力和学习兴趣具有明显优势；通过师生交互，提高学生沉浸感和想象力，使学习的深度、广度有所增加；在教学情景创设、学习模式创新方面，AR/VR 创设探究与体验情境，学生由被动学习变为自主学习、体验学习、探究式学习，能够显著提高学习效果。

高校教育教学模式的改革一直与信息技术息息相关，从传统的课堂教学手段到图文教学，再到多媒体教学，以 AR/VR 为代表的可视化技术教学，必将对教育影响深远，已经成为教学发展和改革的新方向。

（二）AR/VR 技术对高校教育教学模式改革与创新的内容

教学模式是指在一定教学思想或教学理论指导下建立起来的较为稳定的教学活动结构框架和活动程序。教学模式的框架结构一般包括教学思想或教学理论、教学目标、操作程序、师生角色、教学策略和教学评价等因素。不同的教学理论、教学目标、师生角色等都会形成不同的教学模式。作为结构框架，突出了教学模式从宏观上把握教学活动整体及各要素之间内部的关系和功能；作为活动程序则突出了教学模式的有序性和可操作性。AR/VR 技术在教学中的应用会对教学目标、师生角色、教学策略、教学评价等因素产生一定程度的影响，增强学生的主观能动性和创新能力培养，对高校学生的学习兴趣具有提升作用，从而提升高校课堂的教学效果。

1. 重构教育教学理念

传统教学理念是教师教、学生学，一般的过程是教师先教授理论知识，学生再到实际环境中体验和应用。AR/VR技术具有沉浸性、构想性和交互性，使得学生的学习具备了情境认知特性。情境认知理论认为，大多数知识都是人的活动与情境互动的产物。如果能为学生提供接近于真实的学习环境或仿真情境，对提高学生学习热情与对所学知识的理解和掌握大有益处。AR/VR教育思维不是告诉学生什么叫知识，而是让学生自己尝试直接体验知识，从学习知识到体验知识是一种学习方式的转变。在AR/VR技术下的教学中，学生通过虚实结合，与场景互动，变被动学习为主动探索学习，改变了教学思维和形式。

2. 丰富教学目标

AR/VR模式下的教学可以通过学生的互动操作、师生互动等方式促进学生主动参与和自主学习，其主要目标是通过体验式学习提升学生的学习兴趣以及加深学生对知识的理解，提升课堂教学效果。

3. 操作程序的改变

每一种教学模式都有着其对应的操作程序和逻辑步骤，即围绕课堂，师生先做什么，后做什么。在传统课堂中，操作程序更多的是针对教师来说的，是教师如何组织课程的讲授、测评等过程。AR/VR模式的课堂教学中，互动教学环节会增强，有时候课堂必须要学生互动参与才能完成教学任务，课堂测试等环节的运行形式也与传统课堂有较大变化，整个课堂的教学程序发生了改变。

4. 师生角色转变

传统教学的普遍形式是教师在讲台上讲，学生在下面听，课堂总是以教师为中心，这种形式导致学生没有自我性，认为课堂跟自己无关，通常在课堂上做自己的事，听课效果不好。AR/VR模式下，教师可以针对不同的学生设计不同的内容，提出不同的要求，往往要求学生互动完成，这样的课堂更多的是围绕学生来开展，以学生为课堂的主角，教师作为引导者，这种师生角色的转变可以增强学生课堂学习的积极参与性。

5.教学策略的变化

教学策略是指在教学过程中，为完成特定的目标，依据教学的主客观条件，特别是学生实际，对所选用的教学顺序、教学活动程序、教学组织形式、教学方法和教学媒体等的总体考虑。在AR/VR技术支持下，教学活动不再都是以教师的教为主，更多的是围绕着学生的学展开，教学的组织形式和教学方法也会发生改变。

6.教学评价方式的改变

在传统课堂中，一个教师对多个学生，教师对于学生的课堂评价比较难以实施，特别是个体学生的评价。在AR/VR教学环境下，教师可以通过学生的交互活动，由AR/VR教学系统自动实现对学生的个体评价。如在叉车结构知识点学习中，可以设置一个叉车结构的测试题，让学生自己动手选择，系统自动判断正误，实现对学生知识掌握情况的测试。此测试可以同时对所有学生进行，解决了传统课堂教师提问学生受时间限制的问题。

教学评价是双向的，除了教师考评学生，学生也可以及时反馈教师的教学效果，以便老师清楚地了解学生对知识的掌握情况，在后续的讲解中有所侧重，从而提升课堂教学效果。

第二节 高校教育教学创新之慕课

一、高校基于慕课的新型教学模式探索

当前，基于慕课的教学模式日益渗透我国高校教育的课堂，慕课的教学理念也推动着我国高校教育人才培养方式的转变。"慕课潮"对高校培养人才和实现内涵式发展是一个难得的机遇。对此，慕课有哪些优势，是否适用于高校的教学，高校如何构

建基于慕课的新型教学模式，值得深入探讨。

相对于传统课堂教学模式和一般的网络课程，慕课主要具有以下两个方面的优势：

1.慕课带来广泛的、优质的、模态化的教育资源

现开设的慕课突破了国际和校际壁垒，并不局限于传统的学科，而更注重课程的综合性、实用性和普适性，既有涉及国际前沿的理论课程，如"博弈论"，又有应用型和通识类的课程，如"英文写作""食物、营养与健康"等。

在慕课中，教师讲解环节主要通过视频实现。慕课的授课视频一般经过师资团队反复研究制作而成，大部分视频的主讲是名校名师，专业师资团队对专业知识的讲解一般比单个教师课堂讲授的质量更高。慕课课程的设计能够突出每门课程的特色，课程教学内容主要以模块的形式呈现。通过约 10 分钟的微视频把知识体系分解为单元模块，突出知识要点，这有利于学生集中注意力和利用碎片化时间学习和理解。

2.慕课体现了以学生为中心的教育理念和教学模式

（1）慕课能够兼顾学生学习能力个性化的要求

传统课堂主要以教师为中心，教师按照一个版本，面向学生群体统一授课，这难以照顾不同学生个体的能力差异。在慕课中，学生可根据自己的学习能力自主选择课程内容和难度等级，自主调节学习进度，如果遇到难点或外文课程的语言障碍，可以回播教学视频继续学习。这种个性化的学习方式有利于增强学习效果。

（2）慕课能够满足学生学习方式多样化的需要

在慕课平台注册的学生可通过多个社交网站、论坛，运用多种社交媒体与教师、同伴讨论和交流，形成"师生互动"和"生生互动"，共同解决学习问题。学生在慕课平台中可通过授课视频内嵌测试、在线测试、线下作业等多种方式加强训练；可利用在线教材注释、在线虚拟实验室、可视化游戏等软件辅助工具做课程笔记和模拟实验；可借助教师评价、同伴评价、自我评价所构成的多元化评价方式审视自身学习效果和不足，以便总结提高。

（3）慕课让学生在学习时间和地点选择上更具有灵活性

在传统课堂中，学生修读课程需在规定时间到指定课室听课或做实验。而慕课课

程在时间安排上相对灵活,也没有固定的地点。学生可以自我计划和管理学习时间,主动营造良好的学习环境。

二、慕课的适用性

慕课的到来为我国高校教育人才培养模式的改革提供了一个很好的机遇,但我国高校在把慕课运用到教学实践中时需要考虑慕课的适用性,因地制宜,针对不同高校、不同类型学科课程采取不同的实践模式和应用策略。

（一）不同类型高校可采取不同的应用慕课的策略

对于国内一些综合性研究型高校,在利用国际慕课资源的同时,可开发一系列品牌课程参与到国际慕课平台之中。对普通本科院校和职业院校而言,其策略以吸收、引进和利用国内外慕课资源为主,利用慕课资源实现内嵌式教学课堂以提高教学质量;再根据高校自身的学科优势选择性地开发一些特色专业类或技能型的慕课课程,参与到全球慕课平台中去。

（二）慕课对不同学科课程的适用性不同

慕课在技术和制度设计上尚不成熟,高校教育中不同学科课程有不同的知识结构体系和不同的思维能力要求,因此慕课对一些学科在教学过程中的应用有一定的限制性,并非适合所有学科课程的教学。慕课的学科课程适用性具体表现在:一是慕课本质上属于网络课程的范畴,对于理论课程的教学,可以借助慕课实现优质教育资源的共享,优化教学设计,提高教育质量。但对于实践课程,慕课的实用性并不强。实践课程更多需要学生现场做实验、实地调研等才能有效培养学生的操作技能和实践能力,而慕课难以实现实地操作和现场体验。即使有些慕课试图用虚拟实验室来模仿实验,学生也不能获得如化学实验所释放气味的真实感受。二是慕课更多地应用于以结构化知识传授为主的程序化的学科课程,对于高阶数理推导和逻辑思维训练的学科课程的适用性较小。三是目前慕课的授课语言以英语为主,少数课程配有中文翻译字幕,对于外语类课程和双语教学的课程而言，慕课是十分合适的教学资源，学生通过慕课既可学习地道的外语，又可汲取专业知识。而对于其他课程，慕课的大范围应用还有赖于中文慕课的开发。

三、高校慕课应用教学模式的构建

慕课具有优质教育资源和先进教育理念的优势，而实体课堂又弥补了课堂难以督促学生、无法面对面交流和开展实践活动等不足。因此，将慕课与实体课堂相结合才是有效应用慕课推动教学模式创新的可行途径。

对于高校而言，慕课与实体课堂结合的主要形式是将慕课作为课程主体内容，构建翻转课堂；或是将慕课作为课程的强化与补充，形成混合式学习。所谓"翻转课堂"是把传统课堂的"先教后学"模式翻转为"先学后教"的新型教学模式。在上课前，学生独立完成对教学视频等教学资源的学习；在课堂上，学生在教师指引下进行作业答疑、协作探究和互动交流等活动。混合式学习在形式上是在线学习与面对面学习的混合，在内容上涵盖多种教学理论的混合、教学资源的混合、教学环境的混合和教学方式的混合。当前促进高校课程教学改革的一种有效路径是突出资源整合和教学互动，充分利用慕课课程资源，将慕课与实体课堂相结合，建立基于慕课的翻转课堂和混合式学习。具体而言，高校可着力构建"课前设计、慕课学习、课堂互动、实践拓展"四位一体的慕课应用教学模式。

（一）课前设计

在课前设计阶段，由任课教师事先设计课程的体系结构、筛选合适的慕课资源、制作教学视频、提供预习资料，给学生在之后的慕课学习和课堂互动阶段提供导航。课前设计是慕课应用教学模式必不可少的阶段。由于慕课平台所提供的课程并没有严格的课程体系结构，教师在开课之前告知学生关于课程的体系结构和相关的基础知识，可让学生对课程有一个整体把握，避免学习后形成"知识碎片"。由于慕课的课程比较多，而学生对课程的甄别能力有限，且不同学生的能力层次和学习需求存在较大差异，教师在课前设计中筛选合适的慕课课程推荐给学生学习，并为学生设计不同的学习路径以供选择，可帮助学生选择适合自身学习能力和学习需求的优质慕课课程。

（二）慕课学习

在慕课学习阶段中，学生根据教师课前布置的学习资料，自行观看必修模块的慕课教学视频和选择性地学习选修模块的慕课教学资料，并完成相应的作业，以便对课程新知识有一定的了解，找出疑难之处。该阶段的学习一般在课外完成，学生可根据个人情况适时调整教学视频学习的进度，遇到授课语言障碍或知识难点，可反复播放视频或查阅相关学习资料，以便加深理解。在慕课学习阶段，学生可以自控式地深度学习，获得个性化的学习体验，完成"知识传递"的过程，该阶段的"先学"是实现下一个阶段课堂互动"后教"的基础。

（三）课堂互动

课堂互动是基于慕课的翻转课堂教学模式的核心，是真正实现以学生为中心的课堂组织过程。在课堂互动阶段，学生在教师的引导下，进行作业答疑、小组讨论、协作探究等学习交流活动。学生的学习过程一般由"知识传递"与"吸收内化"两个阶段组成，在慕课学习阶段学生完成了"知识传递"的过程，而在课堂互动阶段的主要任务是促进知识的"吸收内化"。如对于经管类课程，知识的吸收内化侧重通过问题讨论和案例分析等方式促进知识的综合应用；对于外语类课程，则侧重语言的"输出"练习；对于理工类课程，吸收内化主要是通过实验和方案设计等方式验证原理并在实践中运用。

课堂互动的主要活动包括作业答疑、小组讨论与展示、反馈评价等。在作业答疑中，教师首先根据课程大纲内容，针对学生观看慕课视频和课前预习中提出的疑问，总结出有代表性的、有探究价值的问题；然后教师在课堂上给予学生答题思路和方法指引，由学生独立或师生共同完成作业的解答，并在作业解答和知识点梳理中达到化零为整、知识融通的教学效果。在小组讨论与展示中，学生组成小组，根据教师设置的问题、案例、场景等，开展小组讨论，通过辩论、案例分析等方式探究问题，并通过团队报告、小型比赛等形式展示小组学习的成果。这种协作学习的方式能够增进学生间的合作，提升关联体验，弥补线上慕课学习缺乏情感交流和社会关联的短板，增强学习效果。对于反馈评价，在课堂互动阶段，需要通过教师点评、同伴互评、学生自评等方式，对学生之前是否自觉完成慕课学习、是否掌握基本知识要点、是否积极参与小组讨论、团队成果展示水平如何等进行多维度的评价，以便达到"以学定评""以评促学"的效果。

（四）实践拓展

高校实施慕课的翻转课堂和混合式学习模式的最终落脚点是培养应用型人才。课前设计、慕课学习、课堂互动和评价考试并非课程构成的全部，而实践拓展也是该教学模式中课程教学的重要一环，是课堂教学的延续。实践拓展阶段以成果分享、技能竞赛和社会实践为着力点。由学生团队根据自身对课程内容的理解和学习感悟制作成视频等形式的作品，上传至网络平台，与同伴分享课程学习的成果，通过学生对知识的再创造，加深其对新知识的理解。师生根据课程内容共同开展相应主题的竞赛、调研、实验等实践活动，并给予计算相应课程的学分和学时，以达到训练学生的应用技能和提高其创新能力的教学目的。对于经管类课程，可采取企业调研、社会调查、沙盘演练等。对于外语类课程，可开展英语演讲比赛、英语情景剧比赛、担任兼职翻译等。对于理工类课程，可让学生参与新实验开发、新产品设计、小发明制作等进行实践拓展。

总之，慕课的引入一方面提供实用性较强、覆盖面较广的教育资源，更大程度地满足高校培养应用型人才的需要，同时也弥补高校优质教育资源缺乏的短板；另一方面，慕课的引入也带来先进的教育理念，这种教育理念强调以学生为中心，注重学习能力的培养。

在这种教育理念引导下，构建慕课的新型教学模式，是推动高校教育教学改革和实现应用型人才培养目标的有力举措。

四、高校慕课教学的改革

慕课的快速推进，给高校的教育教学改革带来了新的机遇和挑战。这就要求管理者要搭建更高效的资源共享平台来促进课堂教学。教师需要重建教育教学理念，确立新的教学目标，重新组织课堂教学过程并更加注重过程化、多元化的考核方式。与此同时，教师要做好由统一化培养到个性化培养的转变，由课堂教学到多平台教学的转变，由单向教学到多向互动的转变，由人工教学管理方式向智能化教学管理方式转变。

（一）搭建有效平台，促进资源共享

慕课是与现代教育技术紧密结合的产物，慕课下的教育教学改革需要凭借平台来运作。目前，慕课运作平台主要有公共的开放平台和校内网络教学平台，搭建好两个平台有助于教学资源的整合，有助于课堂教学改革的顺利推进。

1.搭建慕课联盟平台

对于高校教育发展来讲，建立高效、共享、优质的教学资源合作机制，开展慕课建设、推动课堂教学，将有助于提升高校教育整体发展水平。在搭建慕课联盟平台的过程中，要改变过去的观念；达成推动共建共享慕课机制这一工作共识；制定参与慕课共建共享的有关规章，形成和构建相应的共建共享机制。

（1）铺垫平台基础

首先是政策基础。政府需要在政策上给慕课资源共享提供保障，特别是制定学分互认政策，协调学分互认关系，并确定慕课在教学中应用的比例。其次是技术基础。各高校慕课建设应执行国家相应标准，实现平台的交互操作，建设的慕课能够在不同高校的平台上顺利运行。最后是教学基础。教学的基本内容和基本要求应达到一定程度的规范和统一，为学分认证奠定基础。

（2）丰富平台资源

首先，盘活现有资源。各高校现有的精品课程、精品开放课程、资源共享课程、课堂教学设计与创新课程、双语教学课程等课程建设项目，前期进行了大量的投入和建设。这些项目虽然已经完成了阶段性使命，但仍有开发利用的巨大空间，根据慕课

建设要求和技术标准对以上相关课程进行改造，充实到平台中去。其次，引进优质资源。目前很多慕课资源平台提供了大量优质的慕课资源，在尊重知识产权的基础上，通过协议等形式把这些资源课程嫁接到高校慕课平台上去，使学生通过一次身份认证便可学习到更多慕课平台上的课程。最后，自主开发资源。鼓励高校自主开发慕课。尤其是在平台运行初期，对高校中的选修课、公共课等共性较多的课程加大扶持开发力度，为高校校际慕课学分互认积累经验。

（3）提供平台保障

首先，处理好"权""利"关系。在平台上运行的慕课存在着知识产权和利益分配等相关问题。要平衡好教师、学生、学校和平台提供者之间的"权""利"关系，以保障慕课资源共享机制长效运转。其次，成立慕课评估组织。政府可以委托某一高校牵头成立慕课评估机构，对纳入平台的课程，组织各方面专家进行评估。尤其是教学大纲、课程目标、授课内容以及对学生应掌握的知识、技能以及应达到的水平进行等级评定，为课程学分认证提供参考。最后，建立协调机制。政府是协调慕课商业化的有效保障，在校企合作过程中发挥着助推作用，也能够敏锐地把握慕课在企业、高校之间的关系。所以，政府应该对慕课平台进行统筹管理。

2.加强校内网络教学平台建设

在国家和各级政府的财政支持下，目前国内大部分高校都建立了网络教学平台。但从目前运行来看，需要加强以下三个方面的建设：

（1）加快网络教学平台数字化对接

高校内的图书馆信息系统、财务缴费平台、教务管理系统、毕业设计平台、网络教学平台等多个与教学密切相关的系统（平台）分属于不同的管理部门，有不同的公司开发与维护，技术参数标准不尽统一，造成师生身份认证重复操作，为教学和管理带来诸多不便。校内网络教学平台应及时和校园数字化平台对接，共享相关数据信息，使教师上课、学生学习以及其他信息查询都可以在一个身份认证下完成。

（2）加快网络教学平台的运用

首先，加强宣传。通过多途径宣传网络平台的优势，发放平台使用手册，并有针对性地开展培训工作，让更多的学生知道并使用平台。其次，出台使用网络平台相关鼓励政策。教师在网络平台上开放慕课或进行相关的课堂改革，耗时耗力，对技术要求高，学校应给予一定的资助或奖励。最后，给学生提供便利的网络学习条件。实现校园网无线网络全覆盖、便捷的活动桌椅讨论教室、快速的机房上网服务等。

（3）加强网络教学平台管理

一个合格的网络教学平台需要一套系统的管理模式，才能保证平台的平稳运行。首先，制定和完善相关管理制度。学校要出台《网络教学平台管理办法》等相关制度并及时更新制度内容。其次，及时更新课程资源。及时了解网络技术与课程资源的发展动态，实时引入和更新网络课程资源。再次，做好网络教学平台管理服务工作。做好平台设备的日常维护、使用管理，及时排查故障，确保平台始终处于正常工作状态。最后，做好网络信息安全工作。严格执行课程准入制度，定期巡查入库课程内容，防止无关信息的渗入与传播。

（二）强化过程评价，注重实际效果

传统的课堂教学改革多以公开发表论文、提交研究报告作为改革的成果来呈现。慕课背景下的课程教学改革应建立过程性、多元化的评价标准，着重考核实际课堂教学效果，这就需要采用新的策略来重建课堂教学。

1.重建课堂理念

传统的课堂教学中教师处于主导地位，控制着教学进度，课堂教学内容中的重点、难点均由教师来掌控，学生是被动接受知识的客体。而慕课的课堂教学翻转，教学的重心由原来教师的"教"转移到了学生的"学"上，部分内容则由学生通过慕课微视频来实现，教学中的重点是在教学情境中生成的，教师的工作重心在于课堂教学设计和辅助教学，在教学理念上发生了根本性的转变。

2.重建课堂教学目标

传统的课堂教学主要是在课堂上把基础知识和基本技能传授给学生。而慕课背景下的课堂"翻转"使教学目标重建成为可能。学生可以利用课下时间通过微视频来完成基本知识的呈现、讲述与传授，课堂则成为师生探究、问题解决、协助创新的场所。学生可以不受时间的限制来掌握基础知识和技能，通过学生自主学习，掌握学习过程中的重点和难点。在课堂中，学生带着自己的问题与教师探讨、交流，从而获得新的知识建构。

3. 重建课堂教学实施过程

慕课背景下的课堂教学由于教学方式发生了变化，所以教师需要重新组织和安排教学。在教学实施过程中主要包括课前自学、课中内化讨论、课后深化三个阶段。学生通过课前观看教师拍摄的视频完成初步知识、技能的接受和理解；通过解答教师预设的问题来检验学习过程中遇到的问题或不足；通过网络交换平台和同学、教师讨论学习中遇到的问题，将仍然解决不了的问题记录下来并带到课堂中去。在课堂中，教师搜集学生提出的问题，通过讨论、讲解等给予现场解答。期间，教师给学生提出具体的实践活动任务，由学生自主探究或协助学习；在课后深化阶段，教师根据学生对知识的掌握情况，提出一些拓展性的实践任务，给学生提供在真实情景中解决问题的锻炼机会，同时辅以反思、活动，促使学生课后自主探究与反思，促进知识、技能的进一步内化、拓展与升华。

4. 重建课堂教学评价模式

慕课背景下的课堂教学，在教学模式和教学方式上较传统授课模式有很大的区别，更注重过程化考核和多元评价办法。这就需要教师在教学进程中分阶段对学生进行考核，考查学生对已学内容的掌握情况、学习能力、初步运用知识分析问题和解决问题的能力。教师可以针对不同的课程性质和特点，选择平时作业、阶段测试、期中考试、研讨交流、答辩、调查报告、读书笔记、项目设计、实践操作、专业技能测试、课程论文、学生互评等灵活多样的考核形式，或采用方法的部分组合。慕课下的课堂教学，需要教师以全新的视角来审视教学，重视过程化考核，注重学生实际学习成效。

（三）发挥慕课优势，助力课堂教学

教师要熟记慕课开发及管理的相关知识，指导学生转变学习方式，调整课堂教学知识结构，利用好慕课资源。重点在于教师如何更好地促进课堂讲授与学生慕课学习相结合，线下辅导与线上辅导相结合，自主开发的慕课与其他慕课资源相结合等问题。为此，教师需要做好以下三个转变：

1. 由统一化培养到个性化培养的转变

慕课体现了一种以学生为中心、以"学"为本的教育价值取向，重视激发学生主动学习的积极性，强调学生自主学习。班级授课制下预设的假设是所有的学生有相同的基础，培养出具有该课程基本知识和技能的学生，可以说是同一化培养。而慕课则更注重学生个性化的学习需求，侧重差异化和个性化培养。

2. 由课堂教学到多平台教学的转变

传统的课程教学往往局限于课堂时间内，虽然也要求学生课前预习、课后深化，但缺少检验、交流的平台。而慕课给传统课堂带来了转机，教师可以利用现有的慕课平台课程资源，打破课堂时间限制，形成实体课堂和虚拟线上的合理衔接，由单一的课堂教学转变为丰富的多平台教学。与此同时，教师可以有效利用其他网络资源，如微信、微博、QQ 空间等交流平台，来补充慕课资源的不足。

3. 由单向教学到多向互动教学的转变

线上平台的开放，无疑延伸了课堂教学时间，形成了师生、生生、个人和小组、小组与小组等多向互动局面。尤其是在翻转课堂中，教师的角色发生了重大变化，教师不再讲授传统课堂中的基本知识，而由学生课下在线上学习。教师的角色由原来的"教学"变为了"导学"，授课方式也由原来的单向教学向多向互动教学转变。

4. 由人工教学管理方式向智能化教学管理方式转变

运用慕课技术实现由有纸化向无纸化转变、由有人化向少人化或智能化转变。传统的教学资料中的教材、作业等多以纸质的形式呈现，而慕课下的课堂教学更多采用的是电子资料、视频材料、电子书、电子作业、帖子等，甚至考试也在线上进行。这就要求教师适应无纸化现代教学的需要，更新教学技能，利用好线上资源，做好数据统计与分析。

（四）把握慕课发展趋势

1. 政府引导，把握慕课发展大趋势

（1）慕课类型发展趋势

从目前来看，慕课主要有两种形式：C 慕课和 X 慕课。C 慕课，"C"代表"连通主义",认为知识的本质是"网络化的联结"。强调知识的获取"去中心化"以及知识的创造与生成;强调的是同伴学习,其运行于开放资源学习平台。就目前的几大慕课供应商所提供的课程来说则属于 X 慕课,基本上还是传统的课程,即以教师课堂教学为主,只是通过现代的技术方式表达出来。由于 X 慕课简单易行,熟悉亲切,和传统教学模式相近,加上运营商不惜成本大力推介名校、名师、名课堂,目前发展比较迅猛。而随着先进的网络技术被不断用于高校教育,人们更重视"人"在慕课中的作用(而不仅仅是技术在慕课中的作用),从而将会把 C 慕课推向新的高度。

(2)慕课建设发展趋势

从目前慕课开发的主体看,主要有运营商、高校个体和高校联盟。运营商虽然有较大的资本投入,不遗余力地进行广告推广、技术更新,但必须依靠高校优质的师资进行"原创",高校虽然有雄厚的智力资源,但往往缺乏资金的投入和技术的指导。鉴于此,就诞生了"校企合作"式的慕课开发和"校校抱团"式的慕课联盟。从发展趋势看,这两种慕课开放模式都将有很强的生命力。但需要注意的是"校企合作"式的慕课开放模式,高校要重视知识产权保护以及正确处理合作开放中的角色。在"校校抱团"式的慕课联盟中,要处理好高校间的权利和义务关系,遵循互通有无、优质共享、凸显特色的原则。

2.符合校情,稳步推进课堂教学改革

不同的高校有不同的教育使命,要量力而行。一是分类推进慕课建设。通识类选修课以及部分专业选修课可以通过慕课形式来完成,或尝试"翻转课堂"等教学方法,但专业核心课程要慎重推行。对于一些简单的知识点应鼓励通过慕课来学习。未来的课堂教学应更多体现知识的探索和师生的互动。二是引进与本土化慕课建设相结合。一方面高校要引进一些名校、专家的慕课资源;另一方面要立足区域联盟开发一些本土化慕课,凸显本校的办学特色。三是借鉴慕课优势,激活现有课堂教学。在普通的课堂中增添一些慕课环节,利用现代化的即时通信工具增强师生互动,把"静"的课堂教学变"动"。

3.与时俱进,提升教学管理服务水平

传统行政化教学管理要向信息化学习与课程服务体系转变,努力为学生提供最优

质的课程和个性化学习服务，为教师提供全方位的课堂教学支持服务。一方面，教学管理部分要充分利用大数据资源为教师提供个体化的"学情"信息，揭示在传统教育的经验模式中无法检测出来的趋势与模式，以便于教师洞察学生是如何学习的，学生理解了什么，没有理解什么，是什么原因导致学生获得成功等关键问题，从而使教师能够卓有成效地因材施教；另一方面，充分利用现代信息技术，通过各种学习终端向学生推送选课、空余教室、作业、讨论、考试及相关教学信息，为学生提供快速、简单、直接的各种学习服务，让学生更高效地进行学习。

4.着重引导，培养学生自主学习能力

虽然慕课落实了学生的中心地位，拓展了学习方式的时间界限，创设了沉浸式、社交化的学习环境，但慕课自由化的学习方式，对学生自主性和自我约束力以及学习过程的可持续性提出了更高的要求。与此同时，海量的信息来源和知识资源，也容易使得学生无所适从。因此，高校必须着力引导学生培养自主学习能力。

五、利用信息技术促进高校慕课教学

慕课的广泛推广离不开信息技术的运用。慕课时代，对高校教师也提出了更高的要求，高校教师需要充分利用信息技术促进慕课教学。对利用信息技术促进高校教育教学的途径提出相应对策如下：

（一）教师个人制作动画、电子手写板书等新型慕课资源

慕课资源如果全靠院校管理者提供经费请专人制作，那平台的更新和有效应用将得不到保障。美国可汗学院的慕课视频就是利用录屏软件、电子手写板独立完成的，费用不高，完全靠个人发挥，在手写板上完成板书。技术和教学的关系应如何对待早已是人们探讨的话题，手写板书反映了教师的思维，对学生也有更深层的教学效果。此外，动画、电子手写板书完成的慕课资源在同等清晰度下能比课堂实录压缩得更小，有利于在线学习。

（二）将移动学习应用于开放课程资源的应用

目前，青年学生使用大屏幕手机浏览网络资源已经非常普遍，慕课资源如果不能在移动网络上方便点击观看就失去了生命力。因此，开发时间短、容量小的片段式慕课视频，并适用于手机平台浏览就是目前最紧迫的工作，除了传统的网络课程，微信课程等新生事物也能应用于学生的在线学习。

（三）在试点专业进行慕课的研究

慕课是否适用于所有课程还需要研究，可以首先把部分专业开展自主学习、自我发展教学形式作为研究案例，从采用形式、条件、培养目标、管理形式、评价标准等方面做重点分析，以提升学生创新能力为目标进行开放教育资源应用。以国际商贸和模具类专业试点课程学习方法的转型为例，由于国际商贸系所面向的就业范围广泛，模具类学生毕业后转行的比例相对较高，为使专业培养适应工作岗位的条件，根据现有师资条件难以让每个学生得到全面发展的现实，每个专业方向通过专业教师管理引导并实施考核，学生选择慕课资源进行自主学习。针对部分高质量国外教学资源网站的访问速度不能保证以及语言障碍等问题，学校应帮助解决，搭建良好的自主学习平台，提升学生的综合能力。试点专业可采用贯穿学程的学分制、专业选修课体系，提供教师自由安排学习模式的可能性。

（四）教师要正确认识教育技术对自身教学的重要性

在慕课大潮的冲击下，随着现代教育技术化程度的不断提高，高校教师只有及时将最新的教育技术纳入自身的专业知识体系中，才能胜任新形势下的教学工作，专业化发展道路才会通畅，以慕课为代表的新技术应用并不只是专业教育技术人员的事，而是和广大教师息息相关的。

六、慕课资源在高校的利用

嵌入学科服务强调以"为用户"为出发点，将学科信息资源与信息服务融入用户实体空间或虚拟空间，构建一个满足用户个性化信息需求的信息保障环境。结合图书馆的实体空间将慕课嵌入学科服务进行介绍。

（一）实体信息共享空间

如今图书馆的实体信息共享空间发展迅速，包括各种形式的信息环境，例如咨询空间、研讨室、学术报告厅、开放交流空间等，有的图书馆还以学科分馆为基础，按学科和专业对图书馆的空间和资源进行整合，为用户提供了更为便利的学科环境。慕课除了视频之外，还有非常重要的交互部分，那就是师生、生生之间的交流，可以借助图书馆的信息共享空间实现面对面的交互，如授课教师与学生之间大规模的异地实时视频讨论，可以在图书馆的学术报告厅进行，课后某一慕课学科学习小组的成员可以借用研讨室进行学习交流。利用信息共享空间，可以支持用户顺利开展慕课线下学习活动，同时学科馆员也可以和用户一起进入空间，提供在询服务，可以依据课程内容提供纸本、电子的参考资源列表以及网络开放获取资源的信息，对用户的学习提供帮助和支持。教师录制慕课课程可以借用图书馆的学术报告厅，获取配备音响、投影等较完备的课程录制环境和工具。

（二）学科服务平台

学科服务平台通常应包括学科知识资源、特色资源、学科信息门户、学科导航、学科咨询、个性化定制、主题服务、知识挖掘等信息，它是图书馆提供学科服务非常重要的窗口。目前，各高校的学科服务平台形式多样，有专业的学科服务平台、自建的学科信息网页等，但无论哪种形式都可以将慕课资源嵌入其中，为学科服务的内容拓展一个新形式。可以学习国外高校的方式新建慕课指南（或者慕课指南博客、慕课信息网页等），通过这个指南展示慕课宣传的信息、常见的综合类慕课课程、信息素养知识慕课课程、慕课版权等。学科类的慕课课程、特色多媒体资源、课程参考资源、学科专题信息、素养知识课程等信息嵌入发布到各个学科指南中去，方便用户按照学科获取，利用学科服务平台工具对本学科相关课程信息进行系统的收集、整理，并将学科服务平台上的常用专业资源如电子资源、图书、信息门户等整合，嵌入教师的研究和教学。

（三）移动图书馆

目前，国内高校推出的移动图书馆服务已经非常丰富，例如手机短信服务、移动图书馆 APP 服务、微信服务、RSS（简易信息聚合）订阅等。移动图书馆服务借助网络技术与移动设备帮助使用者能在任何时间、任何地点获取图书馆的相关资源与服务内容，馆员可以通过移动图书馆将慕课课程服务嵌入教师建设课程与学生学习课程的过程中去。

微信具有的基本功能为基于学科服务的慕课活动嵌入式服务提供了重要途径。基于语音文本交互和群聊的交互功能，可应用于慕课课程协作学习，实现师生与图书馆员之间的交互沟通。例如，学科馆员可以通过一对一或者一对多的方式回复某个学科群组里师生的咨询。基于微信公众平台的信息聚合与推送功能，可以开发慕课课程学科参考资源的订阅推送和自动回复响应功能，使师生能够检索和获取学科慕课资源，如推送信息素养知识的微视频。如检索策略的编制、学科数据库的使用技巧、学科开放资源的获取与介绍等主题微视频，或者读者发送微视频的关键字，可通过微信自动响应发送相关主题微视频至读者的手机终端。基于微信公共账户的信息发布功能，发布慕课相关新闻信息。

RSS 个性化需求定制也可以为读者提供订阅推送慕课资源和新闻的服务。图书馆员发布信息时可以将慕课资源按照不同学科类别聚合，为读者提供分类查询的途径。读者进入图书馆 RSS 服务页面后，可以看到按学科排列的资源链接地址，读者用鼠标点击需要的慕课信息链接地址，从菜单中选择增加频道，粘贴上复制的信息链接地址即可。图书馆员也可以将慕课信息按照主题词和关键词进行聚合，为读者提供主题词和关键词的查询方式。读者进入图书馆 RSS 服务页面，可以按主题词和关键词进行搜索，例如检索慕课版权、慕课工具、参考资源、慕课课程等关键词，然后将搜索结果中需要的信息资源链接地址复制并粘贴到新建频道中。图书馆可以根据课程的内容设置、学生的在线咨询等提供配套于慕课教学的资料推送、个性化需求定制等服务。

图书馆员通过实体信息共享空间、学科服务平台、移动图书馆等途径，根据不同慕课服务的特色，选择较合适的途径传播给用户，教师与学生也可以通过这三个途径产生信息互动。

（四）慕课嵌入学科服务的特色

1.促进学科服务的内容嵌入

学科服务是学科馆员主动深入教学科研活动中，帮助用户发现和提供更多针对性更强的专业资源。很多情况下传统教学和科研工作的模式使得教师、学生局限于自己的课堂、实验室，与图书馆员之间的交互难以深入并持续。通过将慕课资源嵌入学科服务，扩展学科服务的信息来源、信息形式，满足师生们浏览学科慕课资源的需求，图书馆员有更多的机会将学科内容嵌入教学中去，提高学科资源的利用率。当然，这也要求学科馆员对现有的慕课资源进行搜集、评判选择、重组、分类、标记等工作，并与其他学科资源进行整合。

2.促进学科服务的过程嵌入

学科服务需要深入了解读者的行为习惯、信息能力以及信息需求，根据学科特征，为读者提供主动、个性化的服务。图书馆为慕课教学中师生互动、生生互动提供实体空间，使得学科馆员有机会参与教学活动，为教师提供数字化资源的内容支撑，了解教师与学生的实际信息需求，并提供相应的在询服务，推荐参考文献，帮助学生利用图书馆资源解决慕课课程中遇到的难题。

3.促进学科馆员专业服务水平

学科馆员在整理慕课资源的同时，对该学科优质的教学内容、学科领域的研究热点、该领域的学术专家等会有更深入的了解，会从一定程度上提升自身的专业服务能力，与教师和学生交流时，能更加了解其信息素养需求、教学需求，以做好辅助研究工作。学科馆员也可以自学一部分学科课程内容，结合图书馆员的专业知识，提升工作效率与学科服务能力。将慕课嵌入高校图书馆学科服务，试图找到一个馆员为教师教学和研究提供学科服务的小窗口，为新信息环境下赋予学科服务新活力提供一些思考。当然馆员也将面临更多的挑战，期望进一步通过实践开展相关研究。

七、慕课背景下高校人才的信息素养教育

我国高校慕课的建设步入稳定发展的阶段，而高校人才的信息素养教育仍未受到足够的关注与重视，开设学生信息素养系列慕课是大势所趋。

（一）信息素养慕课建设现状

在对中国慕课建设现状进行调查的基础上，为了解国内外信息素养慕课的开设情况，通过网络调查方法对网站上提供的 20 多个慕课平台上的 1 万多门慕课进行调查发现，开设信息素养慕课数量最多的是美国，其次是英国，再次是中国、加拿大、荷兰和爱尔兰。有关数字素养和计算机素养的慕课数量最多，共 18 门，占 50%，这说明数字素养慕课受到了相当高的关注。

在美国开设的 20 多门慕课当中，有 4 门课程的名称含有"素养"，有关数字素养、计算机素养的有 13 门，有关科学素养的有 3 门，有关媒体素养的有 2 门。开设的机构除了 7 所高校之外，还有地方政府的教育部门、教育基金会、教育机构和商业机构，类型多样，这些非高校的机构所开设的慕课内容丰富，范围广泛，生动有趣，值得一提的是，由微软公司开设的"数字素养与信息技术技能"为系列课程，共有数字素养、计算机基础、计算机安全与隐私、数字生活方式、信息技术原理、因特网与生产计划、生产计划、因特网与万维网等，包括阿拉伯语和英语的子课程。

当前国内外信息素养慕课的建设尚属起步阶段，呈现以下特点：

一是欧美经济发达国家的信息素养慕课发展较为迅速；二是高校仍然是开设信息素养慕课的主体；三是内容主要集中在数字素养和计算机素养等领域；四是信息素养慕课数量少，参与机构不多。

（二）高校开设学生信息素养系列慕课

我国信息素养教育始于 20 世纪 80 年代，主要采用在全国高校开设"文献检索与利用课程"（全校公共选修课）的形式，对在校学生进行信息素养教育。尽管课程名称比较多，如信息获取与利用、信息检索与网络资源利用、现代信息查询与利用、文

献信息检索等,但其课程的核心内容主要围绕文献检索的基础理论和基础知识、各科各类检索工具的基本原理及检索方法、主要数据库的利用、图书馆利用等。在进入信息社会的今天,该课程无论是形式还是内容均已过时,一方面无法适应社会发展和时代进步的需求;另一方面也无法满足学生对信息资源获取与利用以及其他信息素养相关知识的需求。

近年来,国外高校纷纷从开设传统的文献检索课改为开设信息素养课程,国内也有些高校紧跟国际潮流,开始开设信息素养课程,如北京大学的"信息素养概论"、上海交通大学的"信息素养与实践"、深圳职业技术学院的"信息素养步进课程"、韶关学院的"大学生信息素养教育"等。

在高校开设学生信息素养课程,不仅能够培养学生的信息检索技能、图书馆素养、媒体素养、计算机素养、因特网素养、数字素养和研究素养等,而且能够培养学生对现代信息环境的理解能力、应变能力以及运用信息的自觉性、预见性和独立性,从而提高综合素质。随着国内外高校开设慕课热潮的到来,开设学生信息素养系列慕课不仅必要,而且已经是大势所趋。

高校开设慕课教学的意义如下:

第一,慕课的交互性能提升学生信息素养课程的教学效果。与传统的面授课程相比,慕课的形式多样,有大量穿插于慕课视频中的交互式练习。这些练习不仅能帮助学生及时理解并巩固所学的内容,而且能够激发他们的学习兴趣,鼓励和引导学生更加积极地学习与思考,使他们从被动学习转变为主动自主学习,大大提高了学习效果。与此同时,慕课的交互性也有利于进行信息素养课程的模拟检索操作。

第二,慕课的开放性有利于面向全校本科生甚至社会公众开设学生信息素养课程。开放性是慕课区别于以往其他网络课程的最大特点,而这种开放性特别适合开设作为全校公选课的信息素养课程,不仅因为学生都需要信息素养教育,而且因为社会公众也需要信息素养教育。因此,信息素养课程应该以慕课的形式同时面向在校学生和社会公众免费开放,使得更多的人有机会获得信息素养教育,提升自身的信息素养和综合素质。

第三,慕课的灵活性非常适合学生信息素养课程的模块化教学。由于学生有不同的学科专业，不同的学科专业对信息素养教育的需求各异，因此可分为人文社科、自然科学、理工、医学等四个模块，才能满足各个学科门类的需要。与此同时，还可以开发类似"插件和游戏"的模块，方便教师随时嵌入慕课当中，充分利用慕课的灵活性开展教学。

第四，慕课的互动性为信息素养课程中需要的多方互动与交流提供了有利条件。依托网络社区和社交网络进行互动交流是慕课的优势之一，它不仅可以开展学生与老师的互动交流，而且也可以进行学生之间的互动交流。学生可以围绕老师提出的问题进行交流和讨论，也可以开展基于网络社区学生群体的"同学互评"，增强了学生的参与感，也促进了学生之间的相互学习。

八、慕课在高校教育教学中的应用

慕课在教学理念、教学设计、教学模式、教学评价等方面都有独特的优势，并将改变高校的教学机制。

（一）慕课资源的优势对传统教学的镜鉴

1.教学理念——"自主学习"对"接受学习"

现行的高校教育教学理念是"接受学习"，教师是教学的绝对主体，他们是知识的拥有者，以"传递高深学问"为己任，将教材上的知识以及自身所拥有的知识以自己最擅长的方式教给学生，"教"完全支配"学"。而慕课的教学理念是"自主学习"。它将学习的主动权交回给学生，允许学生根据自身知识、能力水平自主选择学习内容，自行把握学习进度，自主选择学习环境。一门慕课课程通常会持续几周至十几周，每周一次课，每次课一般几个小时，以事先录好的视频形式呈现。每次课程的视频又经过事先处理被划分为若干时长在 10 分钟左右的知识单元。这种设计的目的就是允许学生在学习过程中，根据自身的实际需要，自定学习步调，不必受传统教学的限制；允许学生根据自己的兴趣爱好选择学习自己感兴趣的内容；在学习环境方面，学生也可以自由选择在宿舍、教室、家庭等不同场所进行学习；在学习工具方面，学生可以选择台式电脑、笔记本电脑、手机等不同设备。由此可以看出,慕课所主张的是一种自觉、自愿、自立、自为、自律的学习,体现了"自主"的本质特征。

2.教学设计——"技术性、便捷性"对"工具性、烦琐性"

慕课的教学设计是技术性和便捷性的统一。以 edx 为例,其课程的教学设计包括两大阶段:前期阶段和核心阶段。前期阶段主要是对学生需要、教学目标和教学内容进行分析。首先,根据学生的学习背景对其学习需求进行分析;其次,根据不同类型学生的需要,确定不同类型的教学目标;再次,根据对学生需要和教学目标的分析,确定教学内容,并将其科学地划分为若干个相对完整且相互关联的知识点。核心阶段则是对学习资源、教学活动、学习评价和学习支持的设计。对学习资源的设计主要就是对教学视频的设计,它包括对教学视频的制作、视频内容的设计等方面;对教学活动的设计主要是对学生个体活动、生生互动、师生互动的设计;对学生个体活动的设计就是根据学生的兴趣合理设置小测验或试题库,对生生互动的设计是根据合作学习原理合理设置小组互评等形式的活动;对师生互动的设计则是以注重交互性为前提,设计线上师生问答互动、线下博客、微信互动讨论等;对学习评价的设计就是根据学生需要、教学目标和教学内容对相关内容的测验、作业以及试题的设计;对学习支持的设计就是对学习资源、教学活动、学习评价等工作提供相应的技术支持。

3.教学模式——"以学为本"对"以授为本"

传统课堂教学模式是"以授为本",这体现了教师对整个课堂教学活动的绝对控制。也就是说,教什么、怎么教和教多久都要由教师决定,较少考虑学生自身的需要和想法,学生只能被动地接受。而慕课是将众多优质课程资源置于专门的网络课程平台,供学生根据自身的兴趣、爱好和需要自主选学。其规模之大、时空范围之广、开放程度之高是传统课堂教学无法比拟的,其核心就是强调"学",体现了"以学为本"的特点。这种从"以授为本"到"以学为本"的转变,归根到底是由慕课自身的特点决定的。

首先,慕课的大规模和开放性为学生的自主选学提供可能,而慕课简便的操作方式、低廉的学习成本使得这种可能变成了现实。其次,慕课的可重复性为学生正式学习之后的温故知新创造了便利条件,学生可根据自己的情况重复学习其认为重要的或必须掌握的内容。最后，慕课重视学生自身的体验和师生、生生之间的互动，有助于巩固学生的自主学习成果。体验是一种静态的自主学习，它突出的是学生对学习内容的独立认知和感悟；而互动是一种动态的自主学习，它突出的则是学生对学习内容的相互交流和碰撞。可以说，慕课是学生对学习内容的认知、感悟、交流和碰撞等的集合。因此，慕课的设计必须突出"以学为本"。

4.教学评价——"重在评学"对"重在评教"

高校现行的教学评价主要是对教师教学过程及结果的评价，对教学过程的评价重在对教师授课过程的评价，而对教学结果的评价则重在对教师授课结果的评价。概括地讲，现行教学评价重在评"教"。然而，教学是由"教"与"学"两方面组成的，只评"教"就容易忽视"学"，也就无法真实、全面地反映实际的教学状况。事实上，检验教学效果好坏的标准只有"学"。因此，如何科学合理、切实有效地检验学生的学习效果是开展教学评价的根本。而慕课正是从这一根本出发设计的。

（二）慕课资源融入高校教育教学机制

1.采用混合式教学模式，改善教学资源

教师可以借助慕课平台获取备课所需各种资料，无须再受场所限制；学生可以在任何一台互联网电脑上以在线注册的方式学习这些课程，享受全球教学资源，无须再受几百人共同上课的困扰，也不必再担心不能正常上实验课等问题。因此，将慕课融入传统教学，可以切实改善高校资源短缺的现状。具体做法是：课程开始前，教师将所授课程内容按课时划分后，上传至慕课平台，并给学生详细安排每节课的自学任务。然后，学生在每节课开始前自学慕课平台上的相关内容，并完成习题和小测验。在学生自学期间，教师每周组织一次线下讨论课，安排学生针对自学过程中遇到的疑难问题开展小组讨论；之后，教师再针对课程中的重点内容提出若干问题，由学生回答，并进行点评讲授。在这个过程中，教师只是一个引导者，在适当时候负责牵线，大多数时间都是学生发言。这种"自学、讨论、讲授"的混合式教学，是慕课资源嵌入高校教育教学较为理性的模式。

2.实施"双师教学"项目,提升教师专业化水平

在慕课平台上,教师资源非常充足,且不乏许多世界知名高校的优秀教师,每一门课程均由 1—2 名优秀教师主讲,有的课程还配有 2—3 名负责线上课程测评及论坛区工作的课程助教和论坛助教。如此充足的教师资源是传统教学无法比拟的。慕课平台上的每一门课程,都可以供成百上千,乃至几万、几十万学生共同选择学习。因此,可以用上慕课平台上的优秀教师资源;对于一些慕课平台和高校共有的课程,高校可以尝试让全校学习同一门课程的学生在规定的时间内,在慕课平台上按要求自学该门课程的主要内容,并完成课程测评及讨论。之后由本校教师集中时间开展辅助教学,主要针对学生在慕课学习各环节中所遇到的问题进行及时解答。这样就形成了集高校与慕课平台教师资源于一体的"双师教学"。在慕课平台上,一方面学生可以在规定时间内完成课程的学习;另一方面教师也可以从优秀教师身上学到很多平时无法学到的知识、授课技能与方法等。可以看出,这种"双师教学"既是一种新型的远程教育教学模式,又是一种可行的教师资源共享途径,还是一种便捷的师资培训方式,可以使更多高校共享优质教师资源,从而促进其教学质量的提高,提升教师专业化水平。

3.拓宽信息来源渠道,开阔师生视野

借助慕课平台,高校师生不需要进图书馆就可以学到丰富的知识;可以了解到国内外学术团队运作的基本情况,通过线上交流使线下学术合作成为可能;可以把握相关学科最新的研究进展和发展动态,还可以接触国内外先进的教育理念和教学方式。世界知名慕课平台之一的 edx,目前拥有来自世界各地的 10 多万名学习者,可以在全世界任何地方学习哈佛大学的"古希腊英雄"、加利福尼亚大学的"幸福科学"、芝加哥大学的"城市教育中的关键问题"、北京大学的"化学与社会"、清华大学的"中国建筑史"等来自世界 100 多所名校的 300 多门课程,这些课程充分体现了相关领域最先进的思想观念、最丰富的研究手段、最多样的研究范式。因此,高校可以借助"双师教学"的运行方式有效利用慕课提供的信息,丰富课堂教学内容,拓宽信息来源渠道,开阔师生的视野。

4.加强师生对外交流,提升高校国际化水平

慕课的到来,为高校的对外交流也提供了极大的便利。教师不出校门就可以和国

内外名校名师在线进行学术及思想的交流；学生借助电脑和网络，也能够与名校名师进行线上或线下的讨论交流。许多慕课课程都有极其富有生气的讨论区，国内外不同学校同一学科的教师之间可以针对所教内容中的重点、难点及最新研究动态进行线上交流；数以千计选择同一门课程的学生以他们特有的方式与教师、同学开展交流，如微博、微信、QQ 群等。通过不同形式的交流，达到共享学习内容、分享学习收获、共同感受学习乐趣的目的。高校可以以慕课平台作为拓展师生对外交流的起点，通过线上多次交流为线下交流奠定基础，使对外交流从线上最终延伸到线下。因此，高校可以借助慕课平台增强广大教师对外交流的意识，调动其积极性，并以慕课为中介，为广大教师提供线下的对外交流机会，不断开放线下对外交流渠道，最终提升其国际化水平和竞争力。

第三节　高校教育教学创新之微课

微课的兴起为课堂教学的革新提供了一条有效的途径，也对提升教育公平和质量，共享优秀的教育资源，满足学生的个性化需求，实现随时随地的学习提供了有力的保障。翻转课堂正是建立在微课的基础上对传统教学方式的一次变革。

一、高校微课教学模式

（一）翻转课堂

根据教育心理学相关的研究成果以及翻转课堂教学的实践，提出 O-PIRTAS 翻转课堂教学法，是教师在教学中应用翻转课堂的一个可依据、可操作的模式。O-PIRTAS 是英文单词 Objective、Preparation、Instructional video、Review、Test、Activity、Summary

的缩写，分别表示实施翻转课堂的几个必要环节：教学目标、课前准备、教学视频、视频回顾、知识测试、活动探究以及总结提升。教师可以根据这几个步骤具体实施翻转课堂教学。下面对 O-PIRTAS 翻转课堂教学法做出具体的阐述。

1.确定教学目标

为了帮助教师更容易区分教学目标的种类，结合已有的关于教育目标分类的理论以及翻转课堂教学模式的特点，大致可以把教学目标分为两大类：知识性目标和能力性目标。知识性目标属于初级目标，主要包括对知识的记忆和理解。能力性目标则属于高级目标，包括布卢姆教育目标分类中的应用、分析、评价、创造等高级认知目标以及情感态度、价值观、批判思维、自我认识、学会学习、沟通合作等能力和素养。

需要特别指出的是，这里的能力性目标除了包括通常意义上的能力（如应用能力、分析能力、沟通能力），还包括情感、品格、态度等内容，称之为素养性目标可能更为合适。但是这里为了方便教师的理解和操作，并与知识性目标相对应，我们统一把这些素养称为能力性目标。知识性目标是最基础的教育目标，脱离了知识性目标，能力的培养就失去了基础。但只满足于知识性目标是远远不够的，教师需要在知识性目标的基础上进一步发展学生各方面的能力和素质，才能培养出符合社会和时代发展要求的人才。

把教学目标分为知识性和能力性目标两大类，与学者彭明辉等人对教学目标的分类有相通之处。彭明辉等人把教学目标分为直接目标和间接目标两种，直接教学目标是指学习的内容性知识，比如化学反应率，经济学的供应和需求；间接教学目标是指学生通过学习内容性知识能够发展的能力，比如通过实验计算某种化学反应的反应率，或者能够使用供需的同时变化来解释某种商品市场价格的变化。这种分类的直接教学目标类似知识性目标，而间接教学目标则类似能力性目标。

把教学目标分为知识性和能力性目标两大类，可以帮助教师比较直观地分析教学目标并应用于教学设计之中。对教学目标的分类是跨学科和年级的，对于任何学科和层次的教学，都可以分为知识性和能力性这两类目标，教师要根据具体教学实际设计这两类目标，以保障教学的有效实施。知识性和能力性目标的分类还符合翻转课堂教学模式的特点。总的来说，翻转课堂的课前、线上、课外自学部分主要是围绕着知识性目标展开的。而翻转课堂的课中、线下、课内集体学习部分则主要围绕着能力性目标展开的，因此明确两类教学目标对于后面开展翻转课堂各环节的教学具有统领作用。

应该认识到的是，对于教师的工作和价值来说，知识性的教学是相对比较容易被代替的，或者说不是教师的主要价值所在。今天信息社会区别于以往社会的一个重要特征就在于知识的获取十分便捷，教师不再是知识的唯一来源，甚至也将不是主要来源。当前网络上具有各种丰富的资源、搜索引擎，甚至包括慕课、可汗学院在内的各种优质教育资源，都可以成为学生获取知识的重要来源。可以说，每位高校教师在学校所教的课程，基本上都可以在网络上找到相应的慕课资源。而且这些慕课课程都是名校（比如哈佛大学、麻省理工学院、斯坦福大学）名教授精心制作的课程。从知识的角度看，这些慕课和知名教授是学科知识的代表，比大多数教师更具权威性、系统性以及准确性，完全可以取代教师成为学生获取知识的途径。未来随着人工智能技术的发展，人类在知识教学上的优势就更加荡然无存了，人工智能完全可能成为一个比人类更好的教知识的老师，这是大势所趋。

相对于知识性的教学目标来说，能力性的教学目标是人类教师的独特优势。能力性目标涉及人类情感、创造力、沟通、合作这些人类所特有的品质，是人工智能所不具备的。因此，未来教师的主要工作和价值应该体现在对学生能力性目标的培养上。

明确教学目标是成功实施翻转课堂教学的首要环节和先决条件。翻转课堂教学不满足于只是完成知识性的目标，而是更加注重能力性目标。知识性目标基本上可以通过视频让学生在课前自学完成，实体课堂则主要被用来发展学生的能力。

2.课前准备活动

课前准备活动主要有以下两个作用：

第一，提高学生学习的兴趣和目的性。认知目标是形成学生学习动机的一个关键因素，个体只有对未来的学习目标产生期待时，才会发生有意义的学习。研究表明，学习的过程往往是从整体到部分的过程，学生了解了学习的总体目标之后，再进行分解学习的时候就会更有方向性和目的性，学习效果也会更好。在实际教学中，教师要通过课前准备活动先让学生明确学习目的，使其对未来的学习结果产生一种积极的期待。如果教师通过课前导入活动，在正式教学之前告诉学生本次学习的目的和作用，那么就能够激发起学生学习的兴趣，并让他们的学习具有指向性。

第二，课前准备能为之后的视频学习打下良好的基础。在教学形式的顺序上，翻转课堂和传统课堂还是一样，都是先讲后练的顺序，并没有进行翻转。教师的讲授是需要一定的时机、条件或基础的，讲授要发挥作用，需要学生具备一定的先前知识，学生在努力思考、探索过某个问题或情境之后能更好地理解讲授的内容。虽然学生在接受讲授之前进行的问题解决和探索可能是不成功、不正确的，但是这种尝试有利于图式编码和整合，能够帮助学生认识到自身先前知识的不足，还能通过对比正误解法来让学生注意到学习的关键特征，从而为之后接受教师系统地讲授打下必要的知识基础。

那么，什么样的活动能够帮助学生形成必要的先前知识，为下一步接受讲授打好基础呢？有学者建议可以通过让学生对比相关概念或原理的多重样例，来帮助学生注意并理解样例之间的区别，发现知识的结构性特征，从而发展出辨别性知识。这些辨别性知识是理解之后系统讲授的重要基础。有学者提出有益性挫败理论，建议在直接讲授之前让学生先进行探索性的问题解决，让学生使用已有知识探索问题的解法，有助于图式建构，投入更多的认知资源，发现不平衡并意识到自身先前知识的有限性。学生还可以通过对比不同解法的异同，来发现新知识的关键特征，并更好地进行编码。基于变易理论的研究成果可以发现，对比学习对象的多重样例能够帮助学生审辨出学习的关键特征，这些审辨出来的关键特征为之后的系统讲授奠定了基础。进一步可以通过对比、分离、类化、融合四种变与不变的范式，用来指导多重样例的设计。多重样例之间应该变化一个关键特征，让学生首先单独审辨出这个变化的特征。在学生单独审辨出多个特征之后，再让学生对比同时变化多个关键特征的多重样例。

在学生正式学习教学视频之前，先通过相关的探究活动让学生进行适当的学习和探索，激发起学生的学习兴趣，并准备好必要的先前知识。课前准备活动可以让学生带着兴趣和疑问进入视频的学习，将能够显著改善视频教学的效果。

3.课前教学视频

在完成课前准备活动之后，学生需要在课前自学教学视频。翻转课堂的教学视频可以是教师自己录制，也可以使用他人录制的视频。教学视频形式可以多样，内容主要反映的是教师在传统课堂中的讲授部分，视频学习部分主要对应的是前面制定的知识性的教学目标。

目标的实现并不需要在实体课堂中接受教师的实时现场指导，或者与同伴进行互动合作。高校学生通过自学教学视频就可以在很大程度上完成对知识的记忆和理解。此外，在这个环节还可以充分利用信息技术和多媒体的优势，让整个知识的教学过程更加有趣、生动、高效率。从知识性的目标来说，一个制作良好的教学视频或者在线课程，其教学效果可以达到甚至超过教师在实体课堂的讲授。即使是一个质量一般的教学视频也能在很大程度上完成知识的记忆和理解目标。

4.课堂视频回顾

学生完成线上视频学习之后，就进入线下实体课堂进行学习。通过教学视频，翻转课堂把知识的学习移出到课外，大量的课堂时间可以被用来进行问题解决、合作探究等活动。有些教师可能会在线下上课的时候，马上给学生呈现的问题进行解答或布置活动进行探究。但是根据实际教学经验，建议在实际开展课堂活动之前，教师应该首先简要回顾一下课前教学视频的内容。这是因为一开始上课就直接让学生问答问题，会显得比较突兀，学生也会难以适应，难以营造良好的课堂氛围。有研究表明，学生在上课之初往往需要 3—5 分钟才能静下心来，短暂的过渡之后精神才会非常集中，注意力才会高度专注。此外，学生虽然已经在课前完成对视频的学习，但是视频学习时间距离上课已经过去几天时间，学生一时可能难以迅速回想起视频的内容，尚未从心理上完全做好准备，这时候马上做题、考试，会引起学生心理上的抵触。

线下课堂首先起始于对课前视频的知识回顾，视频回顾不是对视频知识的重新讲解和详细分析，而是提纲挈领地帮助学生回顾内容，把握知识结构。学生课前如果没有学习视频，仅仅是通过短时间的视频回顾是无法完全掌握知识的；如果课前已经完成视频学习，视频回顾则可以帮助他们迅速唤醒记忆，把思维集中到课堂的主题上，为课堂之后进行的问题解决和探究活动打好认知基础。

5.课堂知识测试

教师带领学生回顾完视频之后，就进入课堂知识测试部分。翻转课堂的先驱最早使用翻转课堂进行教学改革的时候,就是在课堂上让学生在教师的监督和指导下完成家庭作业的。教师通过作业考查学生课前视频的学习和掌握情况,然后针对学生在做作业中出现的问题进行指导和讲解。测试就是教师通过提前设计好的问题来考查学生课前对视频内容的学习效果,主要还是针对知识性的教学目标。课堂知识测试环节有以下两个目的:

第一,检查学生课前是否观看了视频。很多教师在实施翻转课堂的时候,都会担心学生课前没有提前观看视频,导致无法有效参与课堂活动。因此,为了检查学生课前是否观看了视频,教师上课时可以设计一些比较简单的题目,考查事实性信息。学生如果在课前提前观看了视频,一般都能正确回答,如果没有提前观看视频,则无法正确回答。通过这部分问题,教师可以发现那些没有提前观看视频的学生。学生只要观看了视频,就可以正确回答题目。回答错误的学生,基本上可以认为是没有提前观看视频。

第二,课堂知识测试的目的是检查学生课前是否看懂了视频。课堂测试的主要目的是检测课前视频的学习效果,虽然预期学生通过自学教学视频能够完成大部分的知识性目标,但需要承认,学生只是学习视频可能还无法完全掌握一些教学难点。因此,教师需要在课堂上有针对性地设计一些比较难的问题,用来检测学生是否真正掌握了该教学难点。教师可以根据学生对问题解决的情况,决定怎样进行相应的讲解。如果大部分学生的回答正确,教师可以略过不讲;如果很多学生的回答错误,则表明课前视频的教学效果不好,教师就需要仔细分析学生的错误,并进行有针对性的讲解,学生课堂问题的回答情况将被计入课程总分。

在这个环节中,教师需要及时掌握学生问题的回答情况,才能决定是否进行指导、指导什么、指导多少、怎样指导。教师可以利用一些信息化互动工具来实现这一点,这些工具可以帮助师生实现课堂测试的即时互动和反馈,提高教学效果。

6.课堂活动探究

课堂测试之后,就进入课堂活动探究部分,教师需要设计相关的课堂教学活动以完成前面制定的能力性的教学目标。大量的课堂时间可以用来互动、探究、问题解决和个别化指导,进行高水平的认知活动(应用、分析、评价和创造)。如何有效利用这些上课时间创设有意义的学习活动，让学生在深层参与课堂学习中，就成为翻转课堂能否有效实施的关键。

教师要根据具体的教学目标，综合使用问题解决、合作、辩论、汇报、角色扮演、实地考察等多种形式设计课堂活动。教师在设计课堂活动的时候要注意与基于问题的学习、基于项目的学习、基于游戏的学习、同伴教学案例教学等比较成熟的学习模式结合起来。这几种教学模式都强调以学生为中心进行合作、探究、互动，因此可以与翻转课堂做到无缝对接。在使用这些模式的时候，教师要注意具体的操作原则和使用方法，使得活动向深层次探究，从而有效地实现教学目标。这需要一个借鉴、学习、实践、反思、改进和提高的过程。

除了应用一些成熟有效的教学模式和方法设计课堂活动，教师还应该帮助学生改变学习的观念和习惯。教师需要为学生搭建脚手架，教给学生讨论和合作学习的技巧，有效支持学生进行学习。学生需要学会如何准确地表达自己的观点、倾听他人的思想、回答问题或辩驳他人的观点。在自主学习方面，教师应该在学期初就告诉学生为什么改变学习模式、怎么样改变学习模式，向学生分享好的案例，设计适合自学的任务单，提供多样化的自学资源，利用网络实现学生之间的问答互动，要求学生依照任务完成单自我核对和评价自学成果，给自主学习环节合理的课程分数，上课开始时进行一个小的阅读测验等。

教师应该加强教学法的学习，尤其是对这些比较成熟的教学模式和方法的学习和应用，这将成为教师一项必备的能力。随着未来技术的发展，教学的知识性目标基本上可以被技术所取代，教师将真正成为学生"灵魂的工程师"。未来优秀的教师将是会用、善用技术者，把技术能够完成的任务交给技术，自己则通过组织教学活动培养学生的能力，在人类擅长的合作、情感、沟通等领域发挥重要作用。

7.课堂总结提升

在完成课堂测试和活动探究之后，教师需要对整个教学过程和内容进行总结，提升学生的学习和认识。学生从最初的课前准备活动开始，然后学习各种教学视频，再到课堂回答问题，进行活动探究，整个学习内容丰富、时间较长，对于很多学生来说，可能无法完全把握住重点。因此，教师最后需要进行适当的总结、归纳和提升，帮助学生提炼出最核心的学习内容，以形成完整的认识。此外，教师也可以利用课堂最后的时间开始下一个 O-PIRTAS 教学循环，进行下一次课的课前准备和导入活动，引起学生的学习兴趣，或者布置课前探究活动，为下一次的视频学习做好准备。至此，整个 O-PIRTAS 翻转课堂教学的闭环形成。

O-PIRTAS 翻转课堂教学模式从教学目标的确定，到课前准备活动、课前教学视频、课堂视频回顾、课堂知识测试、课堂活动探究、课堂总结提升，包括课前课中课后、线上线下、课内课外、知识能力不同维度。该模式为教师在教学中实施翻转课堂教学提供了实际可行的指导，可操作性强。而且每个环节都有相应的教学心理学的研究成果作为支撑，合理性高。

（二）知识微课

知识微课是指以通用知识技能为主，每节微课围绕一个知识点展开的微课形式。知识微课又分为知识类面授微课和知识类电子微课两种模式。

知识微课主要用来传授通用原理、方法、工具等，是学生需要掌握的基础知识和基础技能的应用。这些知识需要学生自己根据实际的场景进行转化和应用。微课开发者需要系统化的理论知识和丰富的教学设计能力，因此更加适合教授、咨询顾问、培训讲师来开发。

（三）情境微课

情境微课是指根据特定的环境、任务、场景展开的微课教学活动。情境微课分为情境类电子微课和情境类面授微课。

1.情境微课的价值

第一，情境微课是针对具体生活场景，尤其是挑战性场景和痛点场景开发的。这些场景能够与企业业务快速对接，也符合学生熟悉工作岗位职责的需要。

第二，萃取教授头脑内的隐性知识，转变成组织经验并快速复制和推广，是高校教育教学学习的一种重要手段。情境微课开发提供了这样一种载体，通过聚焦特定情境和问题，借助教授丰富的实战经验及反思总结，萃取高价值的知识，并通过课程实现转移。

第三，情境微课来自实际生活中的典型情境，与学生遇到的问题和挑战一致，学习内容非常容易应用到实际生活中。

第四，情境微课需要多个教授结合实战经验进行深入讨论，萃取关键知识、梳理方法论、挖掘典型案例，这个过程同样是教授能力升华的过程；同时，课程设计或课程面授又提高了专家辅导能力，使具有丰富实践经验的教授成为实践+理论+传承三位一体的教授。

2.应用领域

情境微课主要用来传授特定任务，在场景中需要的整合性知识、技巧，学生可以直接模仿和借鉴，容易转化和应用。这就要求情境微课开发者有丰富的实践经验，能结合特定情境中的挑战点、痛点、难点提炼出有针对性的知识，因此适合有专业知识的教授开发。

3.情境微课的开发模式

在情境微课开发过程中，企业一般会采取两种模式。

第一，个人经验分享式。常见模式是专家案例分享课程，这种模式简单且易于操作。通常结合自身的典型案例进行个人复盘，总结经验教训或方法窍门后，利用简单课件工具就可以制作完成。通过鼓励教师和更多人分享，经过简单制作就可以获得大量微课。尽管质量参差不齐，但是可以通过评价、点赞等机制，筛选出一批有水准的课程，然后进行深度萃取。

第二，组织经验萃取式。常见模式是组织一批教授或教师通过头脑风暴、焦点小组等多种形式对组织经验进行深度萃取，最终形成可以复制的策略、方法、工具、诀窍等，同时输出具有典范和对比效应的正反案例。

二、高校微课教学实践活动的应用

（一）微课在教学实践活动中应用的原则

微课是借助先进的信息技术和网络平台实现的，其积极作用不能低估。它表现在优质资源共享和自学的灵活性上。

1. 吸引原则

教师所开发的微课要能对学生形成一定的吸引力。要想让微课成为资源建设的一支生力军，作为微课开发者，一定要站在学生的角度来下功夫。这方面可以从微课的易学性和趣味性上做文章，所开发的微课应该使学生流连忘返，教师要放下开发者的骄傲姿态，使得开发的微课符合学生的认知特点。只有学生不停地反复点击观看，才能发挥出这种学习资源的效力，使学生满载而归。

2. 效用原则

教师开发的微课要在保证微小的前提下，使学生觉得这些微小的学习资源有用。微课开发者不要在一些没有教育或者学习价值，但是做起来表面漂亮的资源上做文章，这是一切微课都要参照的原则。

3. 灵活原则

微课被引入课程教学的过程中，可以是在课前、课中或者课后等节点灵活应用。在课前，学生个体自主学习微课，预先了解授课内容，便于师生在课堂上探讨问题，直至学生掌握该知识点或技能。在课中应用微课，教师将微课当作纯粹的教学资源。在教学需要时，集中播放给学生观看，帮助学生更加形象和直观地理解重难点知识。在课后应用微课，为学生提供可以反复学习的课程视频，保证每一个学生都能掌握课堂知识。这种方式能够帮助学生自主补习，反复学习，直到学会为止。

4. 反馈原则

微课开发、应用与交流共享之后，需要对微课程进行多元评价和微课程的教学与应用评价，为接下来微课程内容的设计与开发提供指导和参考意见。教育评价、多元评价等多种评价方法都可以用于微课程的评价，及时的评价与教学反思可以促进优秀微课的开发与共享。

（二）微课教学实践活动的标准

1.微课应符合课程教学大纲要求

微课内容要与教学内容匹配，反映教学重点、难点或关键知识点。微课要有一定的思想性、启发性和引导性，具有很好的辅助教学效果。微课要表述准确，无科学性、知识性、文字性错误。微课的教学目标不能超过教学大纲的要求，不能包括过多的教学内容，要符合课程要求及专业教学标准，符合学生认知能力和水平。微课整体设计要新颖且有创意，具有较大的推广价值。

2.微课应符合学生的学习心理

微课应减少学生的学习时间，提高学生的学习信心和兴趣，创造良好的学习情境。微课的内容要难易适中，深入浅出，适于相应认知水平的学生。有利于激发学生学习热情，有利于学习理解，注重能力培养，注重学生的素质教育。微课应注重教学互动，能起到启发学生思考、激发学生主动学习的效果。

3.微课应表现教师的教学艺术和教学风格

教师教学语言规范、清晰、准确、简明。教师仪表得当，严守职业规范，能展现良好的教学风貌和个人魅力。微课教学应有创意，能充分表现教师的教学技能。

4.微课应提供完整的教学资源

除了微课本身要有主题明确的微课程名称、片头、内容、片尾、字幕等完整的媒体文件外，微课的开发者应提供教学设计、教学课件、学生作业等其他教学资源。

5.微课教学实践对多媒体的要求

（1）视频技术要求

微课一般采用流媒体格式。微课启动时间要短，片头设计一目了然，进入主题快捷。微课应插入一定的字幕，一是解决教师语言表达和视频表达的难点问题；二是用文字加强对学生知识的记忆。微课进程节奏要快，片头和片尾要简短，主题部分要丰满,镜头切换和"蒙太奇"手法运用合理。视频素材不应有抖动或镜头焦距不准的情况,镜头推拉要稳定,要保证主体的亮度。背景音乐和解说要清晰,解说要用普通话,音量和混响时间适当,音乐体裁与内容要协调。微课播放时要稳定性好、容错性好、安全性好、无意外中断、无链接错误。要使其操作方便、灵活,交互性强,人机界面简洁。

(2)动画技术要求

除与视频技术要求相似外,动画中的配色方案要协调,颜色不夸张,不暗淡。用二维空间表现的立体层次分明,进场和出场前后顺序不能颠倒,动画运动速度合理,视觉不应产生错觉。动画中的字幕规范,字号不宜过大或过小,字体运用合理,字幕不宜过多,以防干扰学生的注意力。动画所演示的概念、原理、结构及其他信息不应使学生理解错误或误会。动画设计应有必要的交互和链接,播放时尽量不用特殊的插件。

(3)课件技术要求

课件中的文字大小应符合人体工程学的要求,文字配色要与课件配色方案相符合,每个幻灯片中的文字不宜过多,只能用提纲式的文字,不能用过多的文字来代替教学内容。图形或图像应采用 JPG、GIF、PNG 等常用格式,彩色图像的颜色数不少于 256 色,对色彩要求较高的图像建议使用全真彩,灰度图像的灰度级不低于 128 级,合理使用照片和剪贴画,照片不宜占满屏幕。课件应尽可能利用图片、图表、表格、流程图、双向表、插画等。课件中动画效果不宜过多、过杂,避免转移学生的注意力。

(4)艺术性标准

微课界面布局要合理、新颖、活泼、有创意,整体风格统一,色彩搭配协调、效果好,符合视觉心理。在构图上要合理组织画面,合理分割画面,主体元素突出。在色彩设计上要处理好对比与协调、变化与统一的关系。颜色不宜过多、过杂,在统一的色调中寻求变化。文字要简明扼要,纲要突出,字体、字号和字形要与微课协调,不使用繁体字或变形字。视频拍摄的角度、视距和镜头推拉要合理,主体、光照条件和背景亮度要协调好。解说、背景音乐和音响效果要搭配好,并与视频或动画主体的时间合拍,不得相互干扰。

（三）微课应用的范围

1.适于教师在备课时借鉴学习

通过微课可以募集到许多优秀教师的讲课课件，这些优秀教师对课程标准的理解、对教材的分析、对课堂教学的设计是难得的课程资源。如果教师在备课时能学习、借鉴这些优秀资源，一方面会提高个人的专业素养；另一方面可以直接借鉴学习，提高自己的教学水平。因为微视频不同于过去网上的课堂实录和优秀教案，它是以 PPT 课件的形式配以教师的讲解，对教师的备课能起到直接的启迪和借鉴作用。

2.适于学生的课后复习

根据德国心理学家艾宾浩斯的遗忘规律，学生在课堂上学得再扎实，过后不复习也会遗忘。学生在复习时如果能够观看老师的微视频，会加深自己对教材的理解，会重现老师讲课的情景，激活记忆的细胞，提高复习的效果。所以，老师在课后可以把自己的微视频放到网络上，供学生复习时参考。

3.适于缺课学生的补课和异地学习

有些学生因病或因事缺课，过后找老师补课，一是老师不可能有时间及时给学生补课；二是老师补课时也不会完全像在课堂上讲得那么具体。有了微视频，学生即使在外地，也可以通过网络下载老师的微课自学，及时补上所缺的课程，使"固定学习"变为"移动学习"。现在笔记本电脑、平板、智能手机比较普遍，携带方便，这些设备都能实现这种移动学习。

4.适于假期学生的自学

学生每年的寒暑假时间都比较长，除了参加一些必要的社会实践活动外，有些学生会预习和复习课堂学习的内容。如果老师能够根据学生的需要事先录制一些微课帮助学生预习或复习，也能够提高学生的自学效果。当然，用于预习的视频要区别于教师讲课的视频。

（四）微课教学实践活动的策略

微课作为一个新事物，需要综合考虑学科特点、知识类型、学生特征等影响因素，其在教学实践中的效果也需进一步探索。

1.微课教学应突破传统教学

微课教学不必遵循传统教学线性的设计过程，它可以是一个动态的、网状的、循序渐进的、形散而神不散的教与学的过程。一个完美的教学过程应体现出控制性和释放性的统一。因此，微课应突破传统教学，做到教师教学与学生学习"学教并重"的统一步调，"以教师为主导，学生为主体"的"双主结合"，从而实现学生、教师、微课和技术四个实体要素动态交互的过程。

2.微课教学应打破等同于微视频教学的思想偏见

有很多教育工作者片面地认为，微课等同于包含某个知识点或者教学环节的微视频。其实不然，微课不仅包含微视频，也包括音频及多媒体文件的形式，同时还包含与教学主题相关的教学设计、素材课件、教学反思、练习测试及学生反馈、教学点评等教学支持资源。微课在教学实践中，应注重的是利用信息技术手段与某个知识点或教学环节进行深度融合，而不是拘泥于信息技术媒介的外在表现形式。

3.微课教学应注重时间与空间的连续与统一

微课为符合学生的视觉驻留规律及其认知特点，将教学内容以片段化的方式呈现，虽有助于学生的深度学习，但碎片化的知识给课堂内容的统一、系统化整合带来了巨大的挑战。因此，微课的设计并不是对课堂教学内容进行切割，而是对课程中所出现的重点、疑点、难点进行精心的信息化教学设计，确定好时间单元；在保持知识相对独立性的同时，又与实际教学内容的整体性相联系。此外，学生应有效地使用教学支持工具，充分利用零散时间开展移动学习，做到课内正式学习与课外非正式学习的统一与连续。

4.微课教学应在具体的教学情境中应用

微课教学是否科学，应用效果如何，不是通过简单理论归因、专家评判就能得出的，而是需要将其应用到具体的教学情境中，对教与学的环境、条件、因素等各方面开展实证研究，才能更加科学、客观地设计、开发以及实施微课，从而提高学生的学习效果。因此，微课教学应用要注意以下三个方面：

（1）要与常规课程相结合

微课是对重点、难点或某个知识的解释，是常规课程的有益补充，使用时必须与课程相结合。

（2）要与课程特色相结合

微课表现的内容必须体现课程的特色，用微课作为课程的名片。

（3）要与学生的学习兴趣相结合

将学生感兴趣、关注的知识内容用微课展示出来，这样才能吸引学生，获得好的学习效果。

在微课教学过程中，教师必须学习先进的教育理念，提升学科专业水平，强调以生为本的思想，掌握信息技术的手段。因此，针对微课教学，应注意以下的要求：

第一，把握课程知识。微课的制作常常需要教师打破原有的知识结构和教学体系，重组教学内容，因此需要教师将教学内容烂熟于心，能够信手拈来，有高度的知识驾驭能力。

第二，谙熟教学技巧。怎样在很短的时间内将知识讲解清楚，这需要教师有非常娴熟的教学技巧，能够熟练运用各种教学工具与方法，掌握教学过程中的每一个环节。

第三，变革教学模式。在教学实践中使用微课，需要变革原有的教学模式，比如采取翻转课堂等方式，这样才能充分发挥微课的作用。因此，教师要有变革教学的勇气，敢于开展教学改革。

第四，了解学生需求。微课是以学生为主体体现学生的学习需求。因此，教师需要换位思考，充分理解和思考学生在学习过程中的各种问题与需要。

第五，追求教书育人。教师是园丁，不仅传播知识，还要教书育人。微课可以将点滴的教育思想和为人处世的原则潜移默化地传播给学生，起到传统课堂说教达不到的效果。因此，教师在利用微课传递知识的同时，要尽量融入育人和文化内涵。

（五）微课教学实践活动的评价

1.教学实践活动的评价方法

教学评价的方法是指评价者为了实现教学评价的目的所采用的活动方式、程序和手段，教学评价方法种类繁多，教学活动的每一方面，如教师的课堂教学、课外辅导、教学成绩，学生的学业成就、劳动技能、思想品德等，都需要有特定方法进行评价。下面将介绍教学评价中具有共性的、通用的一般方法。

（1）相对评价法

相对评价法是在评价对象的集合中选取一个或若干个作为基准，然后把各个评价对象与基准进行比较的评价方法。相对评价法的优点是适应性强、应用面广，不管这个团体状况如何，都可以进行比较，都能评出个体在集体中的相对位置，用建立在对象评价、对象群体测评基础之上的标准进行评价，发现个别差异，从而对被评个体做出较为客观、公正和确切的判断，有利于激发评价对象的竞争意识。相对评价法的缺点是评选出来的优秀者未必真正高水平、高质量，未被选上的也不一定水平低，所以容易降低客观标准。评价的结果所反映的只是评价对象在一定范围内的相对位置，不一定反映他们的实际水平，易忽视教育目标的完成情况。

（2）绝对评价法

绝对评价法是在被评价对象的集合以外确定一个客观标准，将评价对象与这一客观标准相比较，以判断其所处水平的评价方法。绝对评价的特点：①标准明确客观，与被评群体相对独立，而且在测量评价之前就已确定；②评价结论是通过将被评的实际水平与客观标准直接比较而得到的，不依赖被评所在群体的状态水平；③评价结果得分的分布情况，事先不做硬性规定，不强行把被评的距离拉开，不要求必须分出上、中、下的等级，而是希望达标者越多越好。

（3）个体差异评价法

个体差异评价法是以被评价对象自身某一时期的发展水平为标准，判断其发展状况的评价方法。

个体差异评价法最大的优点是充分体现了尊重个体差异的因材施教原则，并适当减轻了被评价对象的压力。但由于评价本身缺乏客观标准，不易给被评价对象提供明确的目标，难以发挥评价的应有功能。

（4）自我评价法

被评对象依据评价标准对自身所做的评定和价值判断称为自我评价。在教学评价中，学生对自己的思想品德、知识、能力、身体状况等评价，教师对自己的教学思想、内容、方法、态度、效果等评价，学校对自身的教学管理、教学质量的评价等，都是自我评价在教学评价中的具体体现。

（5）外部评价法

外部评价又称他人评价，是指被评对象以外的组织或个人依据评价标准对被评者所实施的评价活动，它主要包括同学之间的评价、教师对学生的评价、教师间的评价、领导评价等。外部评价是教学评价的重要形式与方法。只有科学、客观地进行他评，才能更好地发挥教学评价的鉴定作用，更好地发挥其激励功能，促进被评者改进工作，健康发展。

2.微课教学实践活动的评价原则

根据教学评价的含义和方法，结合微课的功能与特征，应该在微课教学评价的原则上注意以下几个方面：

第一，科学性原则，主要包括：①基本概念、定理、定义、公式的描述准确，例证真实可靠；②分析、推理和论述严谨，实证步骤正确；③解说精确、术语规范、文字符号准确。

第二，教育性原则，主要包括：①符合教育方针，教学目标明确，对学生掌握知识、发展能力起到促进作用；②理论联系实际，取材适当，有针对性，选题突出重点、突破难点；③符合教学原理和认知规律，分析推理深入浅出，富有启发性，形象直观，能使过于理性的知识感性化、抽象的知识形象化、枯燥的知识趣味化、深奥的知识通俗化；④形象生动，能充分调动学生的视觉、感觉、听觉等多种器官，便于学习和记忆，能有效提高学习的效率。

第三，实用性原则，主要包括：①操作简单，容错能力强，界面良好；②选题科学合理，内容选择恰当；③能够切实提高学生的学习效率，有利于加强学生对知识的理解和掌握。

第四，艺术性原则，主要包括：①创意新颖，构思巧妙，节奏合理，具有表现力和感染力；②画面美观流畅，切换过渡自然，整体设计合理，画面突出主题，表达能力强。③声音清晰，无杂音，配合文字、图片，能调动人的各种感官。

第五，技术性原则，主要包括：①图像、声音、文本设计合理，画面清晰，字幕清楚；②声像同步，音量适当；③课程可以跨平台使用，安全可靠，不受错误操作影响，容错能力强，在不同配置的计算机上运行无障碍。

3. 微课教学实践活动的评价策略

由于微课评价指标的角度不同，所以每个评审标准会略有不同，但其评价策略却是相似的。

（1）采取定量评价与定性评价相结合的方法

评价体系过分地量化，容易将一些无法量化的内容排除在外，从而影响评价结果的真实、可靠。因此，应采取定性、定量相结合的方式，搜集全面、有效的数据进行评价，提高评价结果的可靠性与可比性。

（2）创建一套完善的评价反馈体系

评价反馈对于准确、清晰地认识微课的建设与使用情况具有重要的意义，同时有利于帮助开发者及时发现存在的问题和不足，提高微课效益。评价反馈体系的创建，应该充分发挥专家小组和网络评价的意见。

（3）统计加权法设定指标的权重

通过统计加权法设定指标的权重，以最大限度地减少评价的随意性，使评价更加科学合理。加权不仅可以显示某些指标在评价体系中的重要程度，而且是评价指标体系取得可比性和客观性的基本保证。

（4）从微课自身特点出发，形成立体化的评价体系

根据微课的特点，从内容到形式，形成一个立体、全面的评价体系。在教学评价中，注重教学效果的总体评价、学生评价、同行评价等方面的同时，要更加重视对学生自身的评价以及同伴的评价，进而实现多方位、多角度的教与学的评价，保障人才培养质量。

（5）采用评价反馈再评价的方法

教学评价本身就是一个循环往复的过程，对前次评价的结果进行分析，实际上就是对上一轮评价进行一个全过程的检验，从而为下一次评价提供有效的信息。

参 考 文 献

[1]李旋.双创背景下高校教育教学改革探索的研究[J].湖北开放职业学院学报，2022，35(19)：1-3.

[2]张洁."双创"视域下高校教育教学改革探索[J].人生与伴侣，2022(07)：67-69.

[3]贝翠琳.互联网时代高校实践教学与创新创业教育探索——评《大学生创新创业教育：基于互联网+视角》[J].中国科技论文，2021，16(11)：12-86.

[4]王旭，周晋，郑琦.针对学生多样性的高校创业教学探索[J].创新创业理论研究与实践，2021，4(18)：60-63.

[5]章启庆.新时期高校教育教学方法创新实践探索——评《高校教育管理与创新实践研析》[J].科技管理研究，2021，41(15)：240.

[6]宋斌.高校现代远程教育教学组织模式创新实践探索[J].文化产业，2021(18)：132-133.

[7]刘艳红.高校职业教育教学改革创新的探索[J].知识文库，2021(06)：89-90.

[8]叶军.高校创新创业教育教学模式的探索与实践[J].中国商论，2021(03)：173-174.

[9]申军波，石培华，张毓利.新时代高校教育教学改革的探索与创新[J].天津市教科院学报，2020(06)：28-33.

[10]徐琳.创新创业教育在高校实践教学中的研究与探索[J].农家参谋，2020(20)：198+292.

[11]姜文文.高校创新创业教育融合的实践探索[J].青年与社会，2020(26)：125-126.

[12]周蔚.高校创新创业教育实验教学模式探索[J].产业与科技论坛，2020，19(07)：176-177.

[13]吴盛汉，吴岱航，廖英航.提升大学生"三创"能力的教育改革探索[J].教育现代化，2020，7(15)：1-3.

[14]姜洪宇.民办高等职业教育教学管理信息化改革研究[D].首都经济贸易大学，

2015.

[15]易帆.以生为本理念下学生参与高校教育教学管理工作的研究[D].湖南农业大学，2014.

[16]秦赞.高校艺术设计教育现状分析及教学模式探索[D].河北师范大学，2008.